DÉCOUVREURS
DU MONDE

À LA RECHERCHE
DU FLEUVE SACRÉ

Philippe Nessmann

À LA RECHERCHE
DU FLEUVE SACRÉ

Les sources du Nil

ROMAN

Flammarion

87, quai Panhard-et-Levassor – 75647 Paris cedex 13
ISBN : 978-2-0812-0248-1

PRÉAMBULE

Où l'on découvre que les grandes explorations commencent dans des bureaux

— Même au temps de leur splendeur, les pharaons n'ont pas cherché à savoir d'où il venait…

Sir Roderick Murchison prit un air solennel. La réunion qu'il présidait en ce début d'année 1856, dans un bureau à l'atmosphère feutrée de la Société royale de géographie de Londres, était de la plus haute importance. Pour lui, pour la société qu'il dirigeait, pour la Grande-Bretagne et, du moins l'espérait-il, pour l'histoire des grandes découvertes.

— Dans l'Antiquité, les Égyptiens considéraient le Nil comme un dieu capricieux et généreux, qui chaque année les nourrissait de ses crues. Sans doute aurait-il été sacrilège de vouloir en savoir plus…

Engoncé dans son costume à queue-de-pie, le vieil homme laissa passer un silence, comme pour donner du poids à ce qu'il allait dire.

— Plus tard, les Grecs puis les Romains ont voulu percer cet insondable mystère : comment un fleuve peut-il traverser un pays aussi désertique que l'Égypte sans jamais s'assécher ? Où, sur un continent aussi chaud que l'Afrique, une telle quantité d'eau prend-elle sa source ? Dans quelles montagnes lointaines ?

Un géographe moustachu susurra, l'air réjoui, à l'oreille de son voisin :

— Cinq sous qu'il va nous parler de Néron…

— L'empereur romain Néron, poursuivit sir Roderick Murchison, a dépêché sur place une expédition conduite par deux centurions. Ils ont remonté le Nil jusqu'à l'actuel Soudan. Mais au sud de Khartoum, ils ont été arrêtés par un gigantesque marécage, alimenté par mille bras d'eau. L'un d'eux est nécessairement le Nil, mais lequel ? Ne pouvant tous les essayer, ils ont renoncé…

Le géographe moustachu se pencha à nouveau vers son voisin.

— Dix sous qu'il place le mot Gondokoro dans sa prochaine phrase…

— Il y a moins de cinquante ans, une expédition est enfin parvenue à trouver, au milieu de cet inextricable marais, le cours d'eau le plus important, autrement dit le Nil. Elle l'a remonté jusqu'à ce qu'une chaîne de montagnes, près du bourg de Gondokoro, le rende impraticable. Les rares voyageurs qui se sont aventurés plus loin en sont vite revenus. Ou ne sont jamais revenus, victimes de la jungle et des trafiquants.

Sir Roderick Murchison saisit un gros dossier posé sur le bureau devant lui.

— Aujourd'hui, les sources du Nil constituent la plus grande énigme de la géographie moderne. Pour les hommes et pour le pays qui les découvriront, ce sera les

honneurs et la gloire ! Et je souhaite ardemment qu'ils reviennent à la Grande-Bretagne. Pour cela, j'ai un ambitieux projet à vous présenter. Son auteur n'est autre que Richard Burton. Il se propose, pour résoudre le problème, de le contourner : puisqu'on ne peut pas remonter le Nil à cause des cascades et des marais, il veut le descendre. À cette fin, il compte se rendre beaucoup plus au sud, à Zanzibar, sur la côte est de l'Afrique. L'expédition s'enfoncera ensuite vers l'ouest, vers le cœur du continent, là où aucun Européen n'est encore allé. Des marchands arabes disent y avoir découvert plusieurs lacs grands comme des mers. Si une large rivière sort de l'un de ces lacs et coule vers le nord, il y a de fortes chances que ce soit le Nil. Il suffira alors de la descendre jusqu'en Égypte… Mais « suffire » n'est pas le mot exact : la région regorge de trafiquants, de bêtes fauves, de jungles étouffantes et de maladies tropicales…

Le géographe moustachu se pencha vers son voisin.

— J'ai pas entendu : qui veut s'aventurer dans ce petit paradis ?

— Burton, rétorqua l'autre, agacé.

— Richard Burton ? Ah oui, tout de même…

Sir Roderick Murchison ouvrit le dossier et en sortit des feuilles et des cartes.

— Mes chers collègues, je vous ai réunis aujourd'hui afin que nous discutions de ce projet. Le trouvez-vous réali-

sable ? La Société royale de géographie doit-elle le financer ? En attendant de recevoir Richard Burton, nous allons étudier les documents qu'il nous a fournis.

Le président les fit circuler parmi ses collègues.

— Des questions ?

ACTE I

Vers le lac Tanganyika

CHAPITRE **PREMIER**

Au palais du sultan de Zanzibar – Rencontre avec deux Blancs – Engagé malgré soi

Une fois de plus, je suis de garde à l'arrière du palais du sultan, près du grand palmier. Comme je surveille une porte par laquelle personne ne passe jamais, je m'ennuie comme un cadavre mort, une fois de plus.

Pour tuer le temps, je tente de me souvenir d'un vieux proverbe. Est-ce : « celui qui rame avec le courant fait rire les crocodiles », ou bien : « celui qui rame contre le courant fait rire les crocodiles » ? J'essaie de me mettre dans la peau d'un crocodile et d'imaginer le plus drôle des deux.

— Sidi Mubbarak ! Viens !

C'est Baraka, mon chef, qui accourt vers moi.

— Tu vois bien que je travaille ! On ira boire plus tard.

— Viens, le sultan veut te voir.

— Ah ! si c'est le sultan...

Tout en me demandant quelle bêtise j'ai encore faite, je suis Baraka dans une série de couloirs très frais, jusqu'à la grande pièce du palais où le sultan reçoit ses invités.

— Entre ici, Sidi Mubbarak !

Sayyid Majid ben Said al-Busaid est âgé d'à peine vingt-deux ans. Il est devenu sultan de Zanzibar l'année dernière, à la mort de son père, mais on a l'impression que toute sa vie il a donné des ordres, peut-être même déjà dans le ventre de sa mère.

— Entre!... Mes invités veulent te rencontrer.

Il y a là, assis sur une banquette, deux hommes blancs habillés comme des Blancs. L'un d'eux a des cheveux noirs, l'autre jaunes.

— Bonjour Sidi Mubbarak, dit celui avec les cheveux noirs.

Il me fait peur, cet homme-là. Même assis, il paraît grand comme un géant. Ses yeux sont tellement sévères qu'ils vous repoussent en arrière. Sur chacune de ses joues, une cicatrice longue comme un pouce, comme si une lance lui avait traversé la bouche de part en part.

— Il paraît que tu parles hindoustani?

Je suis tellement impressionné que je ne l'ai pas remarqué tout de suite: il me parle dans cette langue.

— Bien sûr, je lui réponds.

Je pourrais lui expliquer que je suis africain, né dans la tribu Yao, et qu'enfant j'ai été capturé par des marchands arabes et vendu comme esclave. Mon maître m'a alors emmené en Inde. C'est là que j'ai appris l'hindoustani, une langue de ce pays. À la mort de mon maître, je suis redevenu un homme libre et revenu en

Afrique, où je me suis engagé dans la garde du sultan de Zanzibar.

Je pourrais raconter tout ça, mais je préfère me taire. Un silence vaut vingt-cinq réponses.

— Il paraît que tu as voyagé jusqu'en Inde avec ton maître, poursuit l'homme aux cheveux noirs, qui sait déjà tout de moi. Tu vas nous accompagner pour un long voyage dans les terres africaines.

Un voyage ? Ça non, je n'en veux pas ! Je suis bien, moi, à garder ma porte par laquelle personne ne passe jamais. Et puis il y a tant de femmes qui me plaisent dans l'île de Zanzibar, et avec qui je veux me marier. Je ne veux pas partir !

— Vous savez, sahib, j'ai beaucoup de travail pour son altesse…

— Ne discute pas ! me coupe le sultan en arabe. C'est moi qui ai décidé que tu irais !

Mais pourquoi moi ? Est-ce une punition pour quelque chose que j'aurais mal fait ? Et pourquoi ce voyage ?

— Vous faites du commerce d'esclaves ?

— Non, nous recherchons une rivière. Elle s'appelle le Nil et…

RecherchER une rivière, pour quoi faire ? Toutes les rivières se ressemblent ! La seule question intéressante est : qu'y a-t-il de plus amusant pour les crocodiles ? Voir un pagayeur remonter le courant ou le descendre ?

Pendant que l'homme aux cheveux noirs parle aux mouches, je jette un œil à son compère. Il semble un peu plus jeune, peut-être vingt-cinq ans, même s'il est difficile de donner un âge aux Blancs. Il n'a rien dit depuis le début. Il ne fait qu'écouter et hocher gentiment de la tête. Ce n'est pas lui le chef.

Soudainement, un silence : l'explication doit être finie.

— Rendez-vous demain matin au port !

D'un geste de la tête, le sultan me fait signe de partir.

Je regagne mon poste de garde, aussi contrarié qu'un âne au milieu de vautours : je ne veux pas partir !

• • •

— Et ils s'appellent comment ?

— Le chef s'appelle Richard Burton et l'autre John Speke.

Mon ami Baraka, qui est mon supérieur chez les gardes, est très curieux : il veut toujours tout savoir. Ce soir, il m'a invité dans sa case à boire du vin de noix de coco. Nous sommes assis sur des paillasses et il me pose plein de questions.

— Et vous faites quoi, au port ?

— On prépare le trésor.

— Le trésor ?!

Ça m'amuse de le taquiner.

— Oui, le trésor ! Les Anglais sont très riches. Ils ont des rouleaux de tissu, plus beaux que les plus beaux tissus du sultan. Et aussi plein de bijoux et de perles. J'ai eu la chance de les voir et j'en ai été tellement ébloui que les yeux me piquent encore. Nous mettons ces trésors dans des caisses pour les emporter avec nous. C'est avec ça que les Anglais nous paieront.

Ce n'est pas tout à fait vrai : ça servira surtout à acheter de la nourriture en route, mais Baraka me croit et il en a les yeux qui lui sortent de la tête.

— Il y a beaucoup de caisses ?

— Tellement qu'il faudra trente ânes et trente-cinq hommes pour les porter. Et huit soldats baloutchis pour nous défendre contre les voleurs.

— Et toi, tu es porteur ?

— Moi, bien sûr que non !

— Alors pourquoi ils t'ont pris ?

Je sens la jalousie dans la bouche de mon ami et ça me plaît. Je ne lui ai pas dit que je ne voulais pas partir.

— Parce que je parle des langues. Ici, personne ne parle anglais. Les deux Blancs ne peuvent donc pas donner leurs ordres. Mais comme ils ont vécu en Inde et moi aussi, ils me donnent les instructions en hindoustani et je les traduis.

— Mais moi aussi, j'ai vécu en Inde ! Moi aussi, je parle l'hindoustani ! Pourquoi ne m'ont-ils pas pris moi ?

— Sans doute parce que je parle mieux…

— Bah… Et tu ne veux pas me dire ce que vous allez chercher ?

— Je te l'ai déjà dit : une rivière. Mais je ne peux pas t'en dire plus…

Je finis ma calebasse de vin de coco, puis j'ajoute pour clore la question sans montrer que je n'en sais pas plus :

— C'est un secret.

Baraka rumine : il aurait tellement voulu être du voyage. C'est un vrai aventurier, lui — pas moi.

— Vous partez quand ?

— Ça fait des mois que les Anglais préparent la caravane, mais c'est presque prêt. On partira après la saison des pluies.

— Et le voyage durera combien de temps ?

— Je sais pas.

En réalité, je le sais : pour moi, il ne durera que quelques jours. Je suis un homme libre et personne ne peut m'obliger à faire ce que je ne veux pas. Pour ne pas finir dans la prison du sultan, j'ai décidé de partir avec les Anglais, mais je m'enfuirai dès qu'on sera assez loin dans les terres.

Plus jamais je ne serai un esclave…

CHAPITRE **DEUX**

Dans la jungle et la savane – Mille embûches pour la caravane – Courage, restons !

On dit que s'enfuir fait déjà partie du courage.

Il ne me reste qu'à attendre le bon moment pour être courageux.

Pour l'instant, il est trop tôt. Le bateau prêté par le sultan de Zanzibar vient juste d'accoster sur le continent. Des dizaines d'hommes, de femmes et d'enfants accourent à notre rencontre. Certains se mêlent aux porteurs et s'emparent de caisses. Les deux sahibs sont perdus : on dirait des poules qui ne reconnaissent plus leurs poussins. Toi, tu es un villageois ou un porteur ? Hé, ne partez pas avec les caisses !

Le sahib Burton, qui est vraiment très grand avec un regard vraiment très méchant, s'énerve ; pourtant personne ne l'écoute.

Je vais le voir.

— C'est pas bon de s'énerver. Il faut donner quelques perles aux villageois, car ils vous ont aidés.

— Mais ils n'ont rien fait !

— Donnez-leur des perles et ils vous laisseront.

Le sahib Burton s'énerve encore plus, mais, comme il est intelligent, il finit par comprendre que j'ai raison et va voir les villageois avec des perles. Tout rentre dans l'ordre.

Le lendemain, la caravane se met en route. En tout, nous sommes près de cent hommes. Saïd ben Salim el-Lamki, notre guide, ouvre la marche. Par le passé, il a accompagné plusieurs marchands arabes, qui se sont rendus au cœur de l'Afrique pour y chercher de l'ivoire et des esclaves. Il connaît donc bien le chemin. Personne n'a le droit de le dépasser, sous peine d'amende. Viennent ensuite les porteurs avec les ballots de marchandises sur la tête. Puis il y a les ânes, chargés comme des mules et conduits par des âniers. Les sahibs Burton et Speke avancent eux aussi à dos d'âne. Les huit soldats armés, dispersés tout le long de la caravane, ont chacun plusieurs esclaves pour les servir.

Lorsqu'elle démarre, la caravane s'étire comme un ver de terre. Rapidement, ceux de l'arrière ne voient plus ceux de l'avant. Parfois, elle s'allonge tant qu'elle se divise en morceaux qui se suivent à la file, comme un ver de terre coupé en petits bouts.

Nous commençons par nous engager sur un sentier étroit qui s'enfonce dans une jungle épaisse. Au-dessus de nos têtes, les arbres et les lianes se rejoignent et forment un toit vert. Il fait frais et presque sombre. De temps à autre, nous débouchons sur une clairière avec des champs et une dizaine de cases faites de boue et de branches, puis nous replongeons dans la jungle sans fin.

Après deux heures de marche, le moment arrive enfin d'être courageux.

— Eh, mais c'est trop lourd ! s'écrie un porteur en posant son fardeau.

Les autres l'imitent et tous s'assoient par terre.

— Oui, c'est plus lourd qu'on nous avait dit.

La caravane s'arrête dans la confusion générale. J'en profite pour filer dans la forêt.

— Bombay !

Bombay, c'est le surnom que m'a donné le sahib Burton : c'est le nom d'une ville d'Inde. Mes amis, eux, m'appellent Mamba, le « crocodile », parce que j'ai des dents pointues comme des crocs et qu'ils me trouvent très laid. Ça ne me gêne pas d'être laid : on se souvient de moi.

— Bombay, où pars-tu si vite ?

Le sahib Burton a l'air fâché. Je reviens sur mes pas.

— Euh... un besoin urgent d'arroser les arbres.

— Dis-moi, qu'y a-t-il avec les porteurs ?

— Oh, rien, ils trouvent les caisses trop lourdes.

— Mais elles font vingt-cinq kilos, le poids normal. Dis-leur de se remettre en marche !

— Ça ne servirait à rien, sahib.

— Fais-le quand même !

Mais ça ne servira à rien.

— Alors je vais le faire moi-même !

Il descend de son âne et, pendant quelques minutes, crie tous les mots qu'il a appris en swahili. Bien sûr, les porteurs restent assis.

Je le regarde, amusé : un homme qui donne un ordre à des cailloux perd son temps.

— Ce n'est pas bon de s'énerver, sahib. Il faut discuter. Donnez-leur un meilleur salaire !

— Mais les prix ont été fixés avant le départ…

— Alors continuez à crier, si cela vous plaît !

Il grogne encore un peu, puis comprend une nouvelle fois que j'ai raison, et retourne discuter avec les porteurs.

La caravane repart.

Et moi avec elle.

Nous pénétrons lentement mais sûrement dans le territoire des Ouamrami, une tribu dont le grand bonheur est de piller les caravanes de passage. Il y a douze ans, un homme blanc nommé Maizan s'est arrêté à Dégé-la-Mhora. À Zanzibar, chacun connaît son histoire : il voyageait seul et était le premier Blanc à aller aussi loin en Afrique. Mazoungéra, le chef du village, l'a d'abord bien accueilli. Mais après quelques jours, il lui a reproché des dons faits à d'autres chefs et a déclaré qu'il mourrait sur-le-champ. Il a attaché Maizan à un baobab et, au son du tambour, lui a coupé les articulations. Il commençait à lui trancher la gorge lorsque, la lame coupant mal, il s'est arrêté pour l'aiguiser, puis il a repris sa besogne. Depuis, Mazoungéra a pris la fuite, et on raconte qu'un dragon animé par l'esprit du voyageur blanc hante le chemin de Dégé-la-Mhora, à la recherche du chef fugitif.

C'est ce chemin que nous empruntons.

Pour effrayer les mauvais esprits et les pillards, nous chantons, crions, tapons sur les tam-tams de toutes nos forces. Comme un chat hérisse ses poils pour qu'on le croie plus gros qu'il ne l'est, nous faisons du bruit pour que les brigands croient à une caravane très bien protégée et très sûre de sa force.

Pour le moment, ça marche.

• • •

Nous sommes sortis du territoire ouamrami. Je pense sans cesse à mon projet de fuite, mais des pluies torrentielles m'empêchent d'entreprendre quoi que ce soit. Elles sont si fortes qu'à peine ai-je dit : « Tiens, il pleut » que déjà mes os sont trempés. Le chemin de terre se transforme alors en sentier de boue. Nous traversons des marécages dans lesquels je m'enfonce jusqu'aux genoux, parfois jusqu'au ventre. Lorsque nous en sortons, c'est pour pénétrer dans une jungle où des lianes énormes rampent, se courbent, se dressent, s'enroulent autour des arbres, nous barrent le passage. Puis nous traversons une savane d'herbes coupantes et de buissons épineux qui nous agrippent, comme pour nous retenir d'aller plus loin. Car plus loin, il y a d'autres marécages.

Chaque soir, raide comme un arbre mort, je me dis que le pire est passé. Mais le pire survient le lendemain.

L'humidité mouille tout, habits, caisses, ânes et hommes. Une odeur de pourriture s'élève de terre, comme si des cadavres se trouvaient derrière les buissons. Des hordes de fourmis à tête de buffle courent sur le sol, de celles dont les mâchoires détruisent un rat et ne vous lâchent plus lorsqu'elles vous pincent. Des nuages de moustiques remplissent l'air.

En m'enfuyant maintenant, jamais je ne survivrais, seul, dans cet enfer.

Alors je patiente.

D'ailleurs, ma chance arrive : depuis quelques jours, les deux sahibs tremblent sur leurs ânes, plus blancs que blanc, frappés par de vilaines fièvres. J'en suis secrètement heureux : plus ce sera dur, plus vite ils renonceront et plus vite nous ferons demi-tour. L'Afrique n'est pas faite pour les faibles. Pourtant, chaque matin, à ma grande surprise, les deux Anglais se remettent en selle et nous repartons. Je me demande ce que peut bien cacher la rivière Nil de si précieux, pour qu'ils y tiennent tant…

Et, misère ! l'Afrique est dure même avec ses propres fils. Voilà que je tombe moi aussi malade. J'ai mal à la tête, des douleurs dans les pieds, les yeux qui brûlent et une grande fatigue dans tout le corps. De nombreux ânes, piqués par des mouches tsé-tsé, meurent, et c'est nous, infortunés survivants, qui récupérons leur fardeau.

De temps en temps, nous traversons un petit village. À notre arrivée, les hommes, les femmes et les enfants fuient dans la forêt. Depuis vingt ans, des bandits armés mettent le feu aux cases et capturent les habitants. Ils les vendent aux caravanes arabes, qui les revendent comme esclaves en Arabie, en Inde ou ailleurs. Du coup, ces pauvres gens ont peur de tous les étrangers, même de nous qui voulons juste acheter de quoi manger.

Je sais trop bien ce qu'ils ressentent: un jour, moi aussi, j'ai fui, terrorisé, la case de mes parents. J'étais enfant et je ne courais pas vite: les vautours m'ont rattrapé, capturé, emporté, vendu. Je n'ai jamais revu mes parents. Je ne sais même plus où se trouve le village de mon enfance. Je me demande parfois si ma mère se souvient encore de moi...

Mais aujourd'hui, je suis adulte et je cours vite.

Je m'enfuirai, et personne ne me rattrapera.

• • •

Trente-cinquième jour de marche : nous saluons le dernier cocotier.

Le sentier s'élève vers les montagnes appelées Ousagara et le climat change : les pluies de la vallée et les vapeurs puantes ont disparu. Plus on monte, et plus l'air est frais, le ciel bleu et le soleil agréable. Les marais et les buissons d'épines ont cédé la place à des tamarins, des mimosas, quelques baobabs. Des petits singes s'amusent à se cacher derrière les larges troncs, tandis que des iguanes réchauffent leurs écailles au soleil. Des colombes roucoulent dans les buissons.

Comme par magie, nos fièvres diminuent et nos forces reviennent.

Chaque jour, après la dure journée de marche, une fois les ânes déchargés et les tentes des sahibs montées, je réfléchis au meilleur moment pour m'échapper. En allant chercher de l'eau au ruisseau ? Du bois pour le feu ? Mais ensuite, qu'est-ce que je ferai ? Je retournerai seul dans la vallée hostile ?

Chaque soir, au coucher du soleil, lorsque la grenouille-taureau mugit, je remets mes projets au lendemain. Je mange le sorgho et la viande bouillie pour reprendre des forces, puis Mabrouki sort son tam-tam et j'oublie tout. Nous tapons dans nos mains et chantons en chœur. Nous dansons en rond, nous balançons d'avant en arrière, d'abord lentement, puis de plus en plus vite, nos bras s'agitent, nos corps se baissent, nos mains touchent par terre, la ronde se resserre, nous accélérons jusqu'à galoper frénétiquement. Et à la fin, au sommet de l'excitation, Mabrouki arrête le tam-tam, et nous nous laissons tous tomber à terre, des rires plein la bouche.

Assis sur son tabouret pliant, le sahib Burton nous observe et, à la lueur du feu de camp, écrit des choses dans un cahier. Sa barbe noire cache maintenant les deux cicatrices sur ses joues.

Parfois, il tape en rythme dans ses mains et rit de bon cœur. Il paraît moins sévère. Enhardi par la danse, je vais le voir.

— Vous venez danser ? C'est bon, ça !

— J'aimerais bien, mais je n'ai pas le temps.

— Vous les Blancs, vous avez tous des montres, mais jamais le temps… Et vous écrivez quoi ?

Il sourit et me tend son cahier : il nous a dessinés. C'est tellement ressemblant que je nous vois danser sur le papier.

— Je dessine, je fais des cartes des montagnes que nous traversons, j'écris des mots en swahili pour les apprendre, je note ce qui s'est passé dans la journée. Je veux me souvenir de vous, de vos chants, de vos rires, de votre façon de vous habiller, pour tout raconter à mes amis anglais…

Il est presque gentil. Ses yeux, si durs la plupart du temps, se plissent malicieusement.

— … et je veux aussi me souvenir de votre paresse et de vos manigances pour être mieux payés ou obtenir plus à manger !

Est-il sérieux ? Au fond, je crois qu'il nous aime bien, nous les Noirs. D'abord il déteste l'esclavage et ensuite il cherche à nous connaître. Pas comme son compagnon aux cheveux jaunes, le jeune sahib Speke. Lui, après la journée de marche, il part à la chasse ; il aime beaucoup chasser et rapporte fièrement les cadavres d'animaux. Ensuite, il s'enferme sous sa tente et ne se mêle jamais à nous. Les seuls moments où il en sort, c'est pour discuter avec le sahib Burton. Comme ils parlent en anglais, je ne comprends rien. Plusieurs fois, j'ai vu le jeune homme montrer un cahier à son chef. Celui-ci le lit et raye des mots, comme s'il corrigeait des fautes. Le jeune Speke hoche la tête en silence. On dirait un petit chien devant son maître.

— Sommeil, sommeil !

À ce cri, la musique s'arrête. Chacun va se coucher. Les nuits sont toujours trop courtes.

• • •

Ça y est, on voit le bout des montagnes et la descente vers la vallée d'Ougogo.

Des troupeaux d'antilopes, dont la tête dépasse des herbes hautes, nous observent. Les deux sahibs les admirent, aussi étonnés qu'elles. Puis tout à coup, elles bondissent et s'enfuient, légères comme un rêve.

À l'arrivée à l'étang Diwa, nous sommes accueillis par un concert de tambours et de clochettes. Tous ceux qui ont besoin d'eau s'arrêtent là. Le soir, des milliers d'oiseaux se posent sur les berges. La nuit, éléphants, girafes et zèbres s'y abreuvent. Et le jour, ce sont les hommes.

Une immense caravane y campe déjà. Il y a bien mille porteurs, peut-être plus. Leurs chefs dorment dans des grandes tentes, sur de vrais lits en bois. Ils voyagent avec leur bétail, des caisses pleines de provisions, de médicaments, de tabac. Ils ont aussi un précieux chargement d'ivoire : ils en ont donc fini avec le commerce et retournent vers Zanzibar.

Zanzibar !

Ma dernière chance.

Cette nuit-là, je n'en ferme pas l'œil, trop nerveux. Le moment est enfin arrivé : je vais me joindre à l'autre caravane et regagner la côte sans craindre les marécages, ni la faim, ni les brigands.

Au petit matin, sûr de moi et très excité, je repars avec ma caravane, afin de ne pas éveiller les soupçons. Cela ne doit durer que quelques heures, mais les heures passent et je reste. Puis les jours passent et je suis toujours là. Je pourrais encore rebrousser chemin, mais je ne le fais pas. Pourquoi ? Je ne le sais pas. Enfin si, je le sais : je ne suis pas aussi courageux que je veux le croire. Je joue à être un crocodile, mais je ne suis qu'un tronc d'arbre flottant dans le marigot. Je suis un lâche.

Et l'on finit toujours par payer sa lâcheté.

Une nuit, des hyènes attaquent nos derniers ânes. Les pauvres bêtes sont tellement blessées que le sahib Burton les fait abattre et c'est encore nous, les hommes — les Noirs, pas les Blancs —, qui récupérons leur charge.

Moi qui ne suis pas porteur, j'ai maintenant sur la tête un ballot aussi lourd que le leur. Les journées sont longues et, le soir, le sorgho, le lait tourné, le beurre rance, les œufs gâtés et l'eau croupie, toutes ces choses achetées pourtant très cher dans les villages n'apaisent plus ma faim.

— Sidi Bombay, tu manges tout le temps ! s'amuse le sahib Burton.

« Oui, mais moi, je porte vos fardeaux et le soir je monte vos tentes ! » je lui réponds en moi-même.

J'aurais dû repartir avec l'autre caravane…

Une nuit, je suis réveillé par des murmures dans le campement. Cela vient des porteurs qui, ce soir-là, se sont couchés à l'écart du guide et des soldats. À la lueur de la lune, je les observe bouger, murmurer, rassembler leurs affaires. Soudainement, une quinzaine d'entre eux se lèvent en silence et disparaissent dans la nuit.

Je me rendors.

— Où sont les porteurs ? Bombay, où sont les porteurs ?

J'ouvre l'œil. C'est l'aube. Le sahib Burton me hurle dessus.

— Mais… je ne sais pas, moi.

— Je m'en doute, explose-t-il, mais renseigne-toi !

Je me lève, vexé qu'on me crie dessus alors que je n'y suis pour rien, et pose la question à la vingtaine de porteurs qui sont restés. Je traduis leur réponse à l'homme blanc :

— Ils sont rentrés chez eux.

— Chez eux ?

— Oui, ils habitent la région et sont rentrés chez eux.

— Je sais bien qu'ils sont de la région, aboie-t-il, mais le travail n'est pas fini ! Ils devaient nous accompagner jusqu'à Kazeh. Ils vont revenir ?

— Vous les avez déjà payés ?

— En partie, oui.

— Alors non, ils ne reviendront pas.

Le terrible Burton se calme immédiatement : il a compris qui était responsable de ce gâchis. C'est drôle comme les gens qui se croient intelligents font parfois des choses que même les plus bêtes ne feraient pas.

Et bien sûr, c'est nous, ceux qui sont restés, qui récupérons la charge des déserteurs. Depuis Zanzibar, une partie des rouleaux de tissu et des perles a été échangée contre de la nourriture, mais il en reste encore beaucoup.

C'est vraiment lourd, et chaque pas sur la terre sèche et brûlante devient plus dur que le précédent.

Le sahib Burton s'en aperçoit et monte à ma hauteur.

— Ça va, Bombay ?

— Oui, oui, ça va.

— Demain, tu donneras ta caisse aux porteurs. Toi, tu es mon interprète, pas mon porteur.

— Non, non, sahib, ça va.

Pour rien au monde je ne laisserais ma charge : je ne veux pas passer pour une femme aux yeux de mes compagnons.

— Comme tu voudras.

Le sahib hésite un instant, puis ajoute, parlant plus bas :

— Tu sais, Bombay, il y a tant d'hommes qui ne pensent qu'à porter le moins possible, à me voler des perles ou encore à déserter, j'ai de la chance de t'avoir.

— Vraiment ?

— Ce que tu fais est très dur. J'admire ta force et ton courage.

Je crois qu'il dit la vérité.

Et il a raison : en y réfléchissant bien, là, sous le soleil, avec ma caisse sur la tête et mes heures de marche dans les jambes, je réalise que, s'il faut du courage pour fuir, il en faut parfois plus encore pour rester.

Et moi, je suis resté.

CHAPITRE **TROIS**

Arrivée à Kazeh – Un bourg à l'odeur de sang –
De précieuses informations

Nous marchons depuis quatre mois et demi sur la piste des caravanes arabes, toujours conduits par notre guide Saïd ben Salim.

Ce matin, le sahib Burton a ordonné à nos huit soldats baloutchis de revêtir leur uniforme, avec sabre à la taille, mousquet chargé et bouclier décoré. Il a pris dans ses affaires le drapeau de son pays et l'a porté en tête de caravane.

Au son des cors et des tam-tams, la caravane serpente dans la plaine. Comme on approche enfin, une foule se presse sur le bord du chemin. Elle nous acclame tellement qu'on n'entend plus nos propres cris. Moi, je ne crie pas, je suis juste content d'arriver.

À l'entrée dans Kazeh, plusieurs visages clairs se mêlent à la foule : des marchands arabes vêtus d'une longue tunique et coiffés du fez rouge.

L'un d'eux se dirige vers les sahibs.

— *Salam malecum !*

— *Malecum salam !* répond Burton.

Les deux hommes discutent en arabe. Depuis que j'ai entendu le sahib parler avec le sultan de Zanzibar, je sais qu'il connaît cette langue.

— Bombay, viens voir !

J'y vais comme une gazelle qu'on mène au lion.

— Tu vas traduire, dit-il en hindoustani.

— Mais vous n'en avez pas besoin, vous parlez parfaitement arabe !

— Ce n'est pas pour moi, mais pour le capitaine Speke.

Snay ben Amir — c'est le nom du marchand arabe — est grand, maigre et pâle. À la couleur grise de sa barbe, il doit avoir cinquante ans. Ses gestes sont lents et son regard perçant, comme ceux d'un serpent.

Il nous conduit à travers le bourg. Il y a des centaines de maisons en terre avec un toit en paille. Les plus grandes sont entourées d'un beau jardin fleuri. Les marchands arabes, qui se sont installés là pour leur commerce, les ont fait construire. J'imagine ces *tembés* pleins de trésors ; des rouleaux de tissu et des caisses de perles venues de Zanzibar ; des tas d'ivoire et de bois précieux à destination de l'île.

La maison de Snay ben Amir est l'une des plus belles. Un petit toit de bois, adossé au mur, abrite une large banquette recouverte d'un tapis rouge. Un plateau en argent est posé sur un tabouret en bois sculpté. Dessus, des petits verres à thé.

Dans une région aussi reculée d'Afrique, tout ceci est d'un luxe digne d'un sultan. Mais moi, je trouve que ça sent le sang et la mort.

Le marchand arabe nous fait nous asseoir, les deux sahibs et moi.

— *Ahlan wa sahlan!*

Le jeune Speke me regarde, un peu perdu. Je traduis à son oreille :

— « Bienvenue chez moi, je suis heureux de vous recevoir ! »

— Qu'est-ce qui vous amène ? poursuit le marchand arabe. Vous faites le commerce de l'ivoire ? Je peux vous aider à en trouver. Dites-moi ce que vous voulez !

— Non, répond Burton, nous ne sommes pas là pour le commerce. Nous recherchons un fleuve.

— Un fleuve ? Ah bon… C'est étonnant…

Un esclave apporte une théière en argent et remplit trois verres. Il n'y en a pas pour moi — je ne suis moi-même qu'un serviteur. Mais de toute façon, je n'aurais pas bu de ce thé : depuis que je suis entré dans ce *tembé*, j'ai l'impression de mal respirer, toujours cette odeur de sang.

— Mmmm, s'émerveille Burton, du thé ! Cela fait plaisir. Vous le faites pousser ici ?

— Non ! Des caravanes nous l'apportent de Zanzibar… Vous disiez que vous cherchiez une rivière ?

— Oui, nous recherchons les sources de la rivière appelée Nil.

Le marchand arabe fronce les sourcils.

— Attendez qu'il me souvienne… Le Nil… Ne coule-t-il pas en Égypte ? Oui, ça y est, je me rappelle : lorsque je vivais en Arabie, j'ai lu des livres sur ce pays. C'est un fleuve très important, n'est-ce pas ?

En traduisant cela à l'oreille du sahib Speke, j'hésite à ajouter une question qui commence à me courir dans la tête : « Qu'a-t-il donc de si important, ce fleuve ? »

— Et vous pensez qu'il naît par ici ?

— Oui, répond Burton. Des voyageurs arabes disent avoir vu plusieurs grands lacs dans la région. Le fleuve pourrait naître de l'un d'eux. Avez-vous entendu parler de ces lacs ?

— Bien sûr. À l'ouest en partant d'ici, il y a le lac Tanganyika. Il est long comme une mer et large comme une limace. Au nord en partant d'ici, il y a le Nyanza. Par le passé, pour mon commerce, j'ai été amené à voir ces deux lacs.

Le sahib Burton manque de s'étouffer dans son thé.

— Vous… vous les avez vus ? Savez-vous si une rivière sort de l'un de ces lacs, une rivière qui coulerait vers le nord ?

— Non, mon ami, malheureusement, je ne le sais pas.

Le jeune Speke essaie de dire quelque chose, mais le temps qu'il me le souffle à l'oreille, il est trop tard, la conversation a poursuivi son chemin.

— Avez-vous des cartes de la région ? demande Burton.

— Des cartes ? Pour quoi faire ? Les caravanes suivent toujours les mêmes les sentiers.

— Dommage…

— Mais si vous avez besoin de renseignements, n'hésitez pas à me les demander. Combien de temps restez-vous ici ?

— Quelques jours, le temps d'acheter des vivres.

— Alors soyez les bienvenus ! Venez, je vais vous aider à vous installer.

Le marchand arabe se lève, suivi par les sahibs Burton et Speke, et par moi-même.

En sortant de sa maison pour rejoindre le reste de la caravane, j'ai l'impression de pouvoir à nouveau respirer : l'odeur du sang disparaît.

Je sais bien que cette odeur n'existe pas, qu'elle est juste dans ma tête.

Je ne connais pas le cheikh Snay ben Amir, mais je ne l'aime pas. Je n'aime pas sa maison. Je n'aime pas les autres trafiquants arabes et je n'aime pas leurs maisons. Je ne peux m'empêcher de penser qu'en plus de l'ivoire ils vendent des hommes, des femmes et des enfants. Un peu à l'écart du village, j'ai aperçu les cases dans lesquelles ils entassent les prisonniers, avant de les envoyer à Zanzibar.

Leurs belles maisons, ils les ont bâties avec le sang des esclaves.

Toutes les peurs de mon enfance remontent soudain en moi.

• • •

Hier, jour de notre arrivée à Kazeh, le sahib Burton s'est installé dans une case prêtée par son ami Snay ben Amir. Il y a mis des caisses de perles et de tissu, puis il a appelé les porteurs un par un. Après quelques minutes dans la case, chacun en est ressorti avec un grand sourire aux lèvres et un petit trésor dans les bras.

Ce matin, tous les porteurs ont pris leurs affaires et, sans un mot, ont quitté Kazeh pour rentrer chez eux.

Le sahib Burton en est très agacé. Depuis le départ de Zanzibar, il savait que le travail des porteurs s'arrêterait à Kazeh et qu'ils seraient ensuite libres de rentrer chez eux. Mais il espérait secrètement qu'ils resteraient pour la suite du voyage vers les lacs.

Il faut maintenant embaucher de nouveaux hommes.

— Perte de temps ! crie l'Anglais dans toutes les langues qu'il connaît, afin que chacun le comprenne bien.

• • •

« Lorsque le chat a faim, il ne dit pas que le derrière de la souris pue. »

Je regarde le jeune Speke, assis en face de moi au pied d'un baobab à nettoyer méticuleusement son fusil, lorsque ce proverbe me revient à l'esprit. C'est exactement cela.

Nous sommes bloqués à Kazeh depuis trois semaines. Le sahib Burton passe une partie de ses journées et toutes ses soirées chez le cheikh Snay ben Amir. L'Anglais déteste l'esclavage, mais ça ne le gêne visiblement pas d'être ami avec un marchand d'esclaves. Ils parlent de la suite de l'expédition, de la recherche de nouveaux porteurs, mais aussi de l'Arabie, des coutumes musulmanes, des livres…

Les premiers jours, le jeune Speke a suivi son patron. Mais comme il ne comprend pas leurs discussions, il a abandonné.

Et puisqu'il ne parle qu'anglais et hindoustani, la seule autre personne avec laquelle il puisse discuter, c'est moi. Et qu'importe si, depuis le début du voyage, il ne m'a presque pas adressé la parole : voilà que je l'intéresse ! L'autre soir, il est venu me demander quelque chose, je ne sais même plus quoi. En réalité, il avait juste besoin de parler. « Lorsque le chat a faim… »

Mais ça m'est égal, j'ai moi aussi besoin de lui : il a des choses à m'apprendre.

— Le Nil ? répète-t-il adossé à son baobab... Richard t'en parlerait mieux que moi... mais puisque tu me le demandes... C'est un fleuve étonnant. Je l'ai déjà vu une fois, en Égypte. Tu sais, l'Égypte est un pays immense, entièrement recouvert de sable jaune. Il y fait très chaud et il ne pleut jamais. Tu penses bien que personne ne pourrait y vivre si le Nil ne le traversait du sud vers le nord. Grâce à lui, une brillante civilisation y est née il y a cinq mille ans... Elle a construit des pyramides et des magnifiques temples pour leurs dieux. Mais personne n'a jamais réussi à savoir d'où venait cette eau si précieuse. C'est ce que nous cherchons, Richard et moi... Tu comprends ce que je te dis ?

Il me prend vraiment pour un idiot, ou quoi ?! La seule chose que j'ai un peu de mal à imaginer, c'est un pays entier couvert de sable. J'ai déjà vu de grandes plages au bord de la mer, mais une plage grande comme un pays...

— Vous vous connaissiez, avant, le sahib Burton et vous ?

— Oui. Nous sommes tous deux officiers de l'armée de Grande-Bretagne. Nous étions basés en Inde. C'est là-bas que nous avons appris l'hindoustani. Mais ce n'est pas là que nous nous sommes connus. C'est après. Il y a quatre ans, Richard a organisé une expédition en

Éthiopie. C'est un pays à l'est de l'Afrique. Il voulait entrer dans Harar, une ville interdite à tous ceux qui ne sont pas musulmans. Il devait y entrer seul, mais il avait besoin d'une équipe en renfort, au cas où ça tournerait mal. Au début, je ne devais pas en faire partie. Mais un autre Anglais a dû renoncer au dernier moment, alors je me suis proposé.

Je regarde, amusé, le jeune homme avec sa barbe jaune. Je lui ai posé une toute petite question, et voilà qu'il me raconte sa vie.

— Moi, j'avais vraiment envie de partir avec Richard. Tu sais, en Angleterre, il est très célèbre. Un jour, il est parvenu à pénétrer dans La Mecque, une autre ville interdite aux non-musulmans. Comme il parle parfaitement arabe et qu'il n'a peur de rien, il s'est déguisé en pèlerin et, ni vu ni connu, il est entré dans la ville sainte. Ensuite, il a écrit un livre sur ce voyage. Il écrit très bien. Il adore les mots. Il doit bien parler trente langues différentes. Il lui suffit d'entendre un langage pour l'apprendre. Je suis sûr qu'il comprend déjà le swahili. Moi, les langues, ça ne m'intéresse pas. Mais j'ai d'autres qualités…

Il caresse son fusil. Sans doute attend-il une question du genre : « Et quelles sont vos qualités, sahib ? » Mais je ne veux pas lui faire ce plaisir.

— Et votre expédition en Éthiopie, comment ça s'est passé ?

— L'expédition ?... Ah oui... Eh bien, Richard est parvenu à entrer dans Harar. Pendant ce temps, moi, je devais explorer la rivière Nogal, où il y a de l'or. Mais à cause de mon guide, qui était une fripouille et n'a cessé de m'escroquer, je n'y suis pas arrivé. Au retour de Richard, nous nous sommes retrouvés sur la côte éthiopienne, près de la mer Rouge, avec deux autres Anglais, Herne et Stroyan. Moi, je partageais ma tente avec Stroyan. Une nuit, nous avons été réveillés par des cris. Des cris horribles. J'ai passé la tête par la porte de la tente. Nous étions attaqués. Des indigènes hurlaient dans l'obscurité et lançaient des javelots. J'ai juste eu le temps de me précipiter dans l'autre tente, celle de Richard et de Herne. La situation était critique : nos sentinelles s'étaient enfuies dans la nature. Nous n'avions que nos fusils pour nous défendre. Nous tirions sur les assaillants cachés derrière les dunes de sable, et ils répondaient par des jets de lances. Un des attaquants s'est approché et a coupé les cordes de la tente, qui s'est couchée sur le côté. Pour ne pas nous retrouver emmêlés dans le tissu, nous en sommes sortis. Les indigènes nous jetaient des cailloux. Profitant de l'obscurité, l'un d'entre eux s'est précipité sur moi par-derrière et m'a assommé. Quand je me suis réveillé, j'étais à terre, près d'une case, les mains liées. Les sauvages m'avaient emmené dans leur village. C'était toujours la nuit. Un indigène, voyant que je me réveillais, s'est alors amusé à faire semblant de me tuer : il a piqué mon corps à coups de pointe, de plus en plus fort, jusqu'au sang. D'autres l'ont imité si bien qu'un fer de lance m'a traversé la cuisse de part en part. J'ai hurlé de douleur et, dans un réflexe, je me suis levé, j'ai frappé mon agresseur et je me suis enfui en boitant. Les indigènes en ont été tellement surpris qu'ils n'ont pas réagi tout de suite. Je courais pieds nus vers la plage lorsque les javelots se sont mis à pleuvoir. Mais je les ai évités et j'ai semé mes agresseurs dans la nuit. J'ai ensuite rongé mes liens avec les dents et suis retourné au campement en longeant la plage…

Adossé à son baobab, le jeune sahib regarde son fusil comme on regarde un ami.

— Je ne suis pas doué pour les langues, mais j'ai d'autres qualités.

Le petit chien sait en effet se servir de ses crocs…

— Et les autres, que leur est-il arrivé ?

— Stroyan, celui qui partageait ma tente, était mort. Les salauds l'avaient roué de coups, ils avaient transpercé son cœur d'un javelot et éclaté sa tête contre des rochers. Herne, lui, n'avait rien. Quant à Burton, il avait le visage en sang : une lance lui avait traversé la bouche. Elle était entrée par la joue gauche et ressortie par la joue droite. Mais il était vivant. Un miracle.

Un miracle, en effet.

— Donc oui, conclut-il, pour répondre à ta question, ça fait un bout de temps que, Richard et moi, nous nous connaissons. Et avec tout ce qu'on a vécu ensemble, ça crée des liens…

CHAPITRE **QUATRE**

Mauvais présage – Dernier arrêt avant l'enfer –
Au cœur de l'Afrique

Parfois, ce n'est pas bon de poser trop de questions. Après cinq semaines d'arrêt forcé, la caravane s'est remise en marche avec de nouveaux porteurs et de nouveaux ânes. Kidogo est l'un d'eux — un porteur, pas un âne. Il est grand et fort, habillé d'un pagne de feuilles tressées, avec deux gros anneaux dorés aux oreilles. Comme tous les porteurs, il vient de la région de Kazeh, de la tribu des Ouanyamouézi. Chez les Ouanyamouézi, porter un fardeau est un signe de force : dès leur plus jeune âge, les garçons s'amusent à cela.

— Je suis un âne ! un bœuf ! un chameau ! s'est-il exclamé ce matin au moment du départ, pour nous montrer sa puissance.

En fait, il n'est pas très malin, juste assez pour marcher avec un ballot sur la tête et chasser les mouches de la main sans laisser tomber le paquet.

Tout à l'heure, je me suis approché de lui et nous avons discuté en marchant. Je lui ai alors posé la question que je n'aurais pas dû lui poser. Mais, depuis cinq jours, elle me démangeait comme une puce :

— Pourquoi certains de tes frères ne sont-ils pas venus ?

Il y a cinq jours, le sahib Burton a annoncé que nous allions vers le lac Tanganyika. Le jeune Speke m'a expliqué que ce lac était mieux que le lac Nyanza pour trouver la rivière Nil, car il était plus vers le sud, et donc plus loin. Je n'ai pas compris la raison, mais ça n'a pas d'importance. L'important, c'est que lorsque le sahib Burton a annoncé notre destination, beaucoup de porteurs ont préféré rentrer chez eux.

— Pourquoi ne sont-ils pas venus ?

— Ils ont eu peur, m'a répondu Kidogo.

— Pourquoi ?

— Parce qu'ils sont déjà allés au lac Tanganyika et que c'est très dur.

— Pourquoi c'est très dur ?

— Parce que c'est vraiment très dur.

J'ignore ce qu'il voulait dire, mais cela a suffi à m'inquiéter : si c'est « très dur » pour un Ouanyamouézi, qu'est-ce que ce sera pour moi ?

— Mais toi, tu y vas quand même, au lac Tanganyika...

— Oui.

— Pourquoi ?

— Parce que moi, je n'ai pas peur.

Cela m'a rassuré un peu.

— Et pourquoi tu n'as pas peur ?

— Parce que moi, c'est la première fois que j'y vais.

J'aurais dû me taire ; maintenant, j'ai moi aussi très peur.

• • •

Mséné est le dernier bourg avant l'entrée dans le « vraiment très dur ».

Les rares caravanes qui se rendent au lac Tanganyika y font une dernière halte pour se donner du courage.

Les rares caravanes qui reviennent du Tanganyika s'y arrêtent pour reprendre goût à la vie.

Que fait-on à Mséné ?

Plusieurs fois par jour, je prends dans mes affaires une poignée de perles de verre que le sahib Burton m'a données en avance pour mon travail. Je vais dans la case de la plus vieille femme du village, celle avec une pipe à la bouche, et j'échange les perles contre du *palmyra* de sa fabrication.

Ensuite, je passe le plus clair du temps avec Kidogo et mes amis porteurs. On joue du tambour et on danse tant qu'on en est encore capables, puis on parle et on rit, allongés sur nos nattes, et enfin on dort.

Le sahib Burton vient souvent nous voir. Il veut qu'on se remette en marche. Il s'énerve dans toutes les langues, mais il ne parvient pas à réveiller les endormis.

Les autres l'écoutent en silence. Je lui réponds qu'on a besoin de reprendre des forces, qu'on a tout notre temps et que même si tous les éléphants d'Afrique buvaient l'eau du lac, il en resterait encore assez à notre arrivée. Grâce au *palmyra*, je n'ai pas peur du sahib.

Un matin, il désespère tellement de parvenir à nous faire repartir qu'il s'assied avec nous, prend une calebasse de *palmyra* et la boit d'un trait. Le vin de palme le rend joyeux pendant quelques heures. Je l'aperçois même en train de rigoler avec des femmes du village et leur faire des compliments. En Angleterre, je crois qu'il a déjà une fiancée.

Le jeune Speke, lui, reste le plus souvent dans sa tente. Il ne boit jamais et ne regarde pas les femmes du village. Il m'a pourtant dit qu'il n'était pas marié. Je pense qu'il n'aime pas les femmes. Il n'aime personne.

Sinon, il ne se passe rien, à Msénė.

Ah si ! l'autre jour, j'ai entendu les deux sahibs se disputer en anglais. Je n'ai rien compris, mais j'étais surpris d'entendre le jeune Speke parler si fort. Je ne savais pas qu'il en était capable. Il m'a ensuite raconté ce qui s'était passé. Dans les forêts de la région de Msénė, il y a plein de lions, de léopards, d'hyènes et de chats sauvages. Dans les plaines, il y a des éléphants, des rhinocéros, des buffles, des girafes et des zèbres. Près des étangs, des hérons, des grues et des jacanas. Le jeune Speke adore la chasse et a demandé l'autorisation de quitter quelques jours Msénê pour traquer le rhinocéros. Il rêve d'en tuer un. Le chef a refusé, car la caravane doit pouvoir repartir à n'importe quel moment. Speke pense que c'est juste pour l'embêter. Du coup, il a crié une fois très fort et depuis il ne parle plus à Burton.

Nous sommes à Msénê depuis dix jours, mais nous allons bientôt repartir : mes amis et moi n'avons presque plus de perles à transformer en boisson.

• • •

Deux fois par jour, le ciel noircit.

De grosses gouttes chaudes s'abattent sur nous. Elles tambourinent sur mon ballot comme sur un tam-tam. Il me sert un instant de toit. Mais, rapidement, l'eau dégouline le long du paquet, tombe sur mes épaules, coule jusqu'à mes pieds.

Nous marchons vers la saison des pluies.

Et comme le dit Kidogo, à la saison des pluies, les chemins meurent. Des herbes vertes et coupantes sortent de terre et envahissent tout. Notre guide Saïd ben Salim arrête souvent la caravane le temps de retrouver le sentier, le temps de découvrir les arbres que les précédentes caravanes ont brûlés pour marquer le trajet.

Pour le moment, ce n'est pas encore trop dur. Je tiens bon.

Mais chaque jour, le terrain se dégrade un peu plus et devient marécageux. Un horrible concert de grenouilles accompagne notre marche. De la terre visqueuse remonte entre mes orteils nus. À chaque pas, je fais attention de ne pas glisser, de ne pas laisser tomber le fardeau. D'affreux mille-pattes géants aux pieds rouges croisent notre route, le corps recouvert de parasites. De temps à autre, nous traversons des rivières dont nous ressortons couverts de sangsues.

Le soir, après avoir planté le campement sur des herbes pourries, nous allumons avec difficulté des feux de bois mouillé. Je prends une braise et la pose sur les sangsues pour les décrocher une à une. Comme il n'y a pas de village dans les environs, nous avons de moins en moins à manger. Nous n'avons plus le cœur à danser.

Que Mséné est loin ! Et Kazeh !... Et Zanzibar...

Les nuits sont fraîches et humides et, au matin, je me réveille avec de la fièvre et les jambes lourdes. Il faut ranger le campement, charger le fardeau et partir, marcher dans la boue sans glisser, avancer sans réfléchir aux longues heures de marche jusqu'à la halte suivante, et surtout ne pas penser à l'horrible nuit qui m'attend, mais au contraire au petit trésor qui récompensera mes efforts, aux perles de verre et au tissu qui me permettront, au retour, de boire du délicieux *palmyra*...

— Bombay !... Bombay !

Un appel au secours. Je m'écarte du sentier pour laisser passer les porteurs qui me suivent. À quelques longueurs derrière moi, il y a l'âne du sahib Burton — mais personne dessus. Je dépose mon paquet et accours. L'Anglais est allongé par terre.

— Bombay, aide-moi !... Je peux pas me relever !

C'est la première fois que je l'entends, lui qui a toujours été sévère et inflexible, parler d'un ton suppliant. Ce doit être grave. Je me place derrière lui, passe mes mains sous ses bras et essaie de le soulever. Il est lourd et ses jambes sont toutes molles.

— J'appelle le sahib Speke !

— Surtout pas ! Demande de l'aide à un porteur.

Pourquoi pas à Speke ? Toujours cette vieille dispute de Msséné ? Même dans la difficulté, il refuse de se réconcilier : ce n'est pas bon, ça, la mauvaise fierté. Et les disputes trop longues non plus, ce n'est pas bon...

J'appelle Kidogo, mais Speke arrive sur son âne. Il découvre son chef à terre et, après un temps d'arrêt, se précipite.

Ils se disent quelques phrases en anglais. Je ne comprends rien, mais ils se reparlent et c'est déjà bien.

— Viens, Bombay, me dit Speke en hindoustani, aide-moi à le remonter sur l'âne.

— Non ! l'interrompt Burton. Je n'y arriverai pas. Depuis plusieurs jours, je tiens de moins en moins bien debout. Je ne sens plus mes jambes. Ça m'est déjà arrivé, c'est pas grave, c'est la malaria. Il faut juste attendre que la maladie passe. Mais là, je peux plus…

Je n'avais rien remarqué. Il n'avait rien montré. J'observe son visage : des rides de douleur se creusent autour de ses yeux noirs. Sur ses joues, à travers les poils de barbe, j'entrevois les deux larges cicatrices. Je me souviens des mots du jeune Speke : l'attaque du campement, la lance à travers la bouche, la douleur. Malgré toutes ces souffrances, le sahib Burton est revenu en Afrique. Quelle que soit la douleur, il ne renoncera jamais à sa rivière.

— J'ai une idée ! dis-je aux deux Anglais.

Je pars avec Kidogo et Mabrouki dans la forêt et, après une demi-heure sous la pluie battante, nous en revenons avec mon invention : une branche toute droite, longue comme deux hommes, sous laquelle on a accroché un des hamacs. On allonge le sahib sur la toile, et trois porteurs, un devant et deux derrière, soulèvent la branche et la posent sur leur épaule.

— On peut y aller ! je leur annonce fièrement.

Sur le visage du chef, comme un éclair de reconnaissance : il va poursuivre son rêve grâce à moi.

La caravane reprend sa pénible marche vers le lac Tanganyika. Plus nous en approchons, plus ça devient dur. La fatigue, les ânes qui meurent, la nourriture qui manque, les collines à franchir, les forêts à traverser, les insectes, l'humidité, les colis à porter, l'homme blanc à transporter. Oui, c'est vraiment très dur. Maintenant, je comprends parfaitement les porteurs qui n'ont pas voulu refaire le voyage.

— Le *bwana* blanc va très mal, se prend à espérer Kidogo, peut-être qu'on va faire demi-tour…

Il ne fanfaronne plus. Les matins, plus de : « Je suis un âne ! un bœuf ! un chameau ! »

— Non, mon ami, je connais bien les deux Blancs, et tant qu'ils n'auront pas trouvé le lac, ils continueront.

Après chaque colline, j'interroge l'horizon en direction du soleil couchant avec l'espoir d'y apercevoir le lac tant attendu. Mais rien.

À son tour, le jeune Speke tombe malade. Entre deux pluies, lorsque le ciel s'éclaircit, la lumière devient très forte, trop pour les yeux bleus de l'Anglais. Il n'y voit plus rien. Il dit que ce n'est pas grave, que ça reviendra, mais moi, je sens bien qu'il est inquiet. Il se cramponne sur le dos de notre dernier âne.

Un chef invalide ; l'autre aveugle. Et nous, les porteurs, les gardes et les autres, tous frappés par les fièvres et les douleurs, et la faim, et l'épuisement…

Trois mois depuis le départ de Kazeh.

Encore une colline à escalader. La pente caillouteuse est si raide que l'âne du sahib Speke en meurt d'épuisement à mi-hauteur. Je rejoins l'Anglais, lui prends la main et le guide vers le sommet. J'ignore comment il continuera. Sans doute allongé dans un hamac, lui aussi. Mais serons-nous assez nombreux pour les porter ?

— Bombay !...

Quoi encore ? Ça vient d'en haut. Nous grimpons et, à bout de force et de souffle, arrivons au sommet de la colline.

— Bombay, quelle est cette ligne étincelante, là-bas ?

Je place ma main au-dessus de mon front et regarde au loin. Une ligne grise et horizontale s'étend au pied des montagnes. Dans mon dos, je sens le pauvre Speke, perdu dans son obscurité, suspendu à ma réponse.

— Je crois bien que c'est de l'eau.

Speke pousse un petit cri de joie, mais immédiatement Burton se met à grogner dans sa barbe.

— Ce lac est tout petit... Les Arabes m'avaient parlé d'un lac immense... Mais ce lac est minuscule... Comment le Nil pourrait-il prendre sa source dans cette flaque d'eau ?...

— Ça ne va pas, Richard ? gémit Speke. Qu'est-ce qu'il y a ? Dis-moi, qu'est-ce que tu vois ?

CHAPITRE CINQ

Le lac Tanganyika –
L'attaque des scarabées – Est-ce le Nil ?

Le sentier descend en serpentant le long d'une gorge sauvage. Chaque fois que je le peux, je jette un œil entre les arbres, en direction du lac. Il semble grandir, grandir : ce n'est qu'au pied de la girafe qu'on se rend compte de sa vraie hauteur.

Allongé sur son hamac, le sahib Burton décrit ce qu'il voit à son compagnon aveugle, lui-même soutenu par deux porteurs. Ils reprennent goût à la vie.

Et moi aussi, je me sens mieux : mon fardeau paraît moins lourd maintenant que nous touchons au but.

Après la forêt, la caravane traverse des champs et des villages. Mon ventre affamé n'en croit pas mes yeux : sur la place du marché, du lait, des volailles, des œufs, des tomates, des topinambours, du plantain. Les habitants nous regardent passer, surpris de voir deux hommes aussi blancs.

Après les champs et les villages, nous nous retrouvons enfin sur une plage de sable parsemée de roseaux. Devant nous, une immense étendue bleue, sur laquelle le vent forme des petites lunes d'écume. Dans l'eau, près de la berge, des yeux, des oreilles et des narines dépassent : des hippopotames somnolent. Plus loin, sur des pirogues, des pêcheurs jettent leurs filets.

Le voilà donc, le lac tant espéré. Mollement allongé au pied des montagnes, il se réchauffe au soleil. Il est encore plus grand que les marchands arabes de Kazeh nous l'avaient dit. Je ne devine de l'autre rive que d'immenses sommets gris coiffés de nuages. À gauche et à droite, il est si long que je n'en vois pas le bout.

Le sahib Burton et Speke s'émerveillent en anglais. Peut-être parlent-ils de la rivière Nil et du pays de sable jaune.

Après quelques instants, je pose mon fardeau sur la plage et leur demande en hindoustani :

— Bon, et maintenant, on mange ?

• • •

— Voilà ce qu'on va faire…

Le sahib Burton m'a convoqué, avec le jeune Speke, dans une case près d'Ujiji. Ujiji, c'est le grand bourg de la région. En fait, c'est un petit village bruyant. Sur la place centrale, chaque jour en fin de matinée, c'est le bazar : des dizaines de vendeurs de la région échangent de la nourriture, de l'ivoire ou des tissus. Des disputes éclatent souvent, qui finissent parfois à coups de couteau.

— Bombay, tu as bien compris ce que nous cherchions ? Si le Nil naît dans ce lac, comme je le crois, cela signifie qu'une grosse rivière en sort quelque part et s'écoule vers le nord, vers l'Égypte…

Allongé sur son lit de camp, il tend le bras vers la droite pour m'indiquer cette direction. De la case abandonnée dans laquelle il s'est installé, on voit un petit bout du Tanganyika.

— … Nous allons explorer cette partie du lac. Pour cela, nous avons besoin d'un gros bateau. Kannéna, le chef d'Ujiji, m'a dit qu'un marchand arabe avait un voilier amarré sur l'autre rive. Comme je ne peux pas marcher, j'ai demandé au capitaine Speke d'aller en pirogue chercher ce navire…

Le jeune Speke me lance un grand sourire. Depuis quelques jours, ses yeux recommencent à y voir ; il en est très heureux. Il semble très fier que le sahib lui confie cette mission.

— Bombay, tu accompagneras le capitaine Speke et tu seras son interprète. Vous aurez avec vous trois porteurs et des caisses de tissu et de perles, afin de louer le navire. Mais toi, Bombay, je te demande en plus de te renseigner auprès des indigènes pour savoir si une rivière part du lac vers le nord…

Je ne sais pas trop si je dois me réjouir de cette mission. Je crois que j'en suis content : ce n'est pas risqué et je serai peut-être payé un peu plus.

— On part quand ?
— Dès que le capitaine Speke sera prêt.

• • •

L'eau file à vive allure sous la pirogue.

Les pagayeurs rament depuis l'aube ; nous approchons de l'autre rive.

Le soleil a cogné si fort dans la journée que, plusieurs fois, j'ai trempé ma main dans l'eau pour me rafraîchir. Pas trop longtemps : le lac est infesté de crocodiles.

Le jeune Speke m'explique son plan : le campement, la recherche du bateau et de son propriétaire, la quête d'informations sur la rivière Nil. Il prend sa mission très à cœur et veut vraiment la réussir. Du coup, c'est la cinquième fois qu'il me répète ce que nous allons faire.

Je ne l'écoute même plus. Je regarde l'eau filer sous la pirogue et je me demande si, quelque part au nord, elle forme cette rivière qui traverse ensuite le pays de sable. J'aimerais bien savoir à quoi il ressemble, ce pays. Du sable partout, où qu'on regarde, ce doit être beau. Je me demande si des animaux y vivent, comme les crabes sur les plages. Des crabes de sable. Des petits crabes de sable qui mangeraient… que pourraient-ils bien manger ? Ils mangeraient du sable et feraient des crottes de sable.

Du sable partout.

Même sous la pirogue.

— Alors Bombay, tu descends ?

Nous sommes arrivés : la pirogue a glissé sur la plage.

Première mission : le campement. Je monte la tente de Speke. J'installe son lit de camp et sa moustiquaire, puis apporte la caisse avec ses affaires : un fusil de chasse, un pistolet, des balles, des carnets et des crayons, du matériel pour faire des mesures — je ne sais pas comment ça marche —, une gamelle et des couverts pour manger — ça, je sais comment ça marche. Le jeune sahib est satisfait.

Deuxième mission : le navire. Le *dhaw* est amarré pas très loin. C'est un grand bateau très fin avec une voile en forme de triangle. Je suppose que le propriétaire l'a fait construire directement sur le lac. Le propriétaire, justement, est difficile à trouver : il fait du commerce dans la région. Finalement, après de longs jours, le voilà qui revient. Voyant le jeune Speke très intéressé par son voilier, il en profite pour exiger une somme d'argent incroyable. Puis il ajoute qu'il faudra en plus attendre trois mois, car, pour le moment, le voilier n'est pas disponible. Speke est très déçu : nous en avons besoin tout de suite.

Troisième mission : la rivière Nil. Pendant que nous cherchions le propriétaire du *dhaw*, nous avons rencontré trois autres marchands arabes. Ils nous ont dit avoir navigué sur le Tanganyika. Au nord, tout au nord, il y a une rivière, la rivière Ruzizi. Le jeune Speke en était tout excité : il m'a dit que c'était peut-être le nom donné ici au Nil. Mais les trois n'étaient pas d'accord : pour le grand marchand maigre, la rivière sortait du lac. Le plus petit, lui, était sûr de l'avoir vu y rentrer. Le troisième avait juste entendu parler de la rivière, mais ne l'avait pas vue et ne savait pas.

De retour au campement, après l'échec du *dhaw*, Speke s'est enfermé sous sa tente, très déçu de ne pouvoir rentrer à Ujiji avec le voilier. Heureusement, nous rapportons au sahib Burton les informations sur la rivière Ruzizi, même si nous ignorons dans quel sens elle coule.

Sur la plage du lac Tanganyika, au pied des montagnes grises, la nuit est tombée et notre feu s'éteint doucement. Bercé par le bruit des vagues qui meurent sur la plage, je m'endors en imaginant les aventures d'un crabe des sables et de sa crabette. Ils partent à la recherche de leur crabillon, qui s'est perdu. Je me demande comment on s'y retrouve, dans un pays de sable. Il ne doit pas y avoir de route et rien ne ressemble plus à un tas de sable qu'un autre tas de sable.

Soudain, des cris sous la tente.

— Ahhh !... *Help ! Help !*

Une attaque ? Je regarde autour de moi : rien. Pas de lances qui volent ni d'assaillants. Nos porteurs se réveillent eux aussi. Je cours vers la tente. Le sahib en bondit à toute vitesse : il fonce comme un fou, hurle, secoue la tête. Il tape violemment son oreille avec le creux de la main.

— Qu'y a-t-il, sahib ?

Il court vers le feu, cherche quelque chose — mais quoi ? —, crie, prend un morceau de bois, le lâche, s'empare du couteau qui a servi pour le repas, se l'enfonce dans l'oreille.

— Aaahhh…

Que lui arrive-t-il ? Il tourne le couteau dans son oreille, le sang coule, il l'enfonce encore plus et hurle, ses yeux en sortent presque de sa tête, il gratte l'intérieur de l'oreille avec la lame, puis se calme enfin, s'assied par terre, la tête entre les mains, recroquevillé de douleur.

— Ça va, sahib ?

Je m'assieds à ses côtés. Il ne répond pas, il balance la tête d'avant en arrière comme un fou.

— Un scarabée, finit-il par lâcher. Un scarabée… Des petits scarabées noirs… Il y en avait plein autour de mon lit de camp quand je me suis couché… Je me suis endormi… Un scarabée est entré dans mon oreille… Ça m'a réveillé… Il était trop petit et trop profond dans l'oreille, je ne pouvais pas l'enlever… Je l'entendais gratter avec ses pattes… comme s'il voulait entrer dans mon cerveau… J'ai cru que j'allais devenir fou ! Mais je l'ai eu, n'est-ce pas ?

— Je vais regarder.

Il enlève sa main. Je prends une flammèche et l'approche de son oreille. Du sang coule, du sang avec des petits morceaux noirs, comme des brindilles : des pattes.

— Oui, sahib, vous l'avez eu.

— Je l'ai eu ! murmure l'Anglais. Le salaud, je l'ai bien eu…

Il balance à nouveau sa tête d'avant en arrière.

— Je veux rentrer, Bombay… Retournons à Ujiji !

• • •

La pirogue file sur l'eau.

Un homme bat la mesure sur son tam-tam et les trente-trois pagayeurs rament en rythme.

Je suis sur la plus longue des deux pirogues. Fabriquée dans un tronc d'arbre creusé, elle fait soixante pieds de long et prend l'eau. J'en ai les fesses mouillées.

Le sahib Burton est allongé tout à l'avant. Il est très malade. Ses jambes ne marchent toujours pas et il a la langue enflée, ce qui l'empêche de bien parler. Le jeune Speke aussi va mal : du liquide jaune coule de son oreille, avec de temps en temps, une patte de scarabée ou un bout de carapace. Il n'entend plus rien de cette oreille et, lorsqu'il se mouche, ça siffle. Il est dans la deuxième pirogue, celle de quarante pieds et vingt-deux pagayeurs.

L'autre jour, notre retour à Ujiji s'est mal passé. Kannéna, le chef du village, avait tellement répété à Burton que le propriétaire du *dhaw* ne ferait pas de problème pour le louer, qu'il a été très déçu que nous revenions sans.

— On a fait tout ce qu'on a pu, s'est défendu Speke sans trop y croire, mais l'Arabe ne voulait rien savoir. C'est pas faute d'avoir essayé, pas vrai Bombay?

J'ai hoché la tête. Burton a semblé en douter.

— Il fallait négocier... a-t-il insisté. Les marchands arabes donnent toujours un prix de départ très élevé, mais il faut discuter… Tout se négocie… Mais sans parler l'arabe, forcément, c'est beaucoup plus dur…

Je voyais à l'agitation de ses mains que le sahib était très fâché contre son jeune compagnon : il regrettait de lui avoir confié une mission. Mais il ne voulait pas se mettre en colère à cause de sa blessure à l'oreille. On ne frappe pas un chien à terre.

— … En tout cas, a poursuivi Speke en tentant de reprendre de l'assurance, nous avons des informations sur une rivière.

Le sahib s'est redressé sur son lit de camp.

— Trois marchands affirment qu'il y a une rivière tout au nord du Tanganyika…

Burton m'a regardé; j'ai hoché la tête pour confirmer.

— Et cette rivière, a ajouté Speke après un instant d'hésitation, cette rivière sort du lac.

Mais… que disait-il là?!…

— Mais il fallait le dire tout de suite, Johnnie! C'est formidable, ça. Ça veut dire que nous l'avons peut-être trouvé… Nous avons trouvé le Nil!

Speke a souri. Moi, je n'ai pas bougé, j'avais trop peur que Burton me demande confirmation. Heureusement, il n'en a rien fait.

— J'organise tout de suite une expédition vers le nord!

— Tu veux que je loue des pirogues? a timidement proposé Speke.

— Non, non, Johnnie, laisse-moi faire, c'est mieux…

Me voilà donc sur la plus grande des deux pirogues louées par Burton au chef Kannéna.

Depuis quinze jours, nous remontons vers le nord. Le paysage défile, toujours le même, une forêt touffue avec, de temps à autre, un village de pêcheurs reconnaissable aux palmiers et aux bananiers qui l'entourent.

Chaque soir, nous campons sur la berge.

À mesure que nous progressons, les Anglais et les pagayeurs sont de plus en plus nerveux. Les pagayeurs à cause des Ouabouaris, la tribu qui peuple la région.

Ce sont, disent-ils, des cannibales : ils se nourrissent de cadavres d'animaux, de vermine et de larves, mais leur plat préféré, c'est l'homme cru. Les pagayeurs craignent d'en voir surgir de derrière chaque buisson.

Les Anglais, eux, sont nerveux, car dix mois après avoir quitté Zanzibar, ils approchent enfin de leur but. Malgré sa langue enflée, le sahib Burton me parle souvent du Nil. Il est passionné. Dans ses yeux fiévreux se lit la rage de découvrir le fleuve sacré.

— Cinq mille ans que c'est un mystère… Tu te rends compte ? Personne ne sait où il naît… Et dans quelques jours… nous allons le trouver… Il faudra que nous revenions avec une autre expédition… dans quelques mois… nous descendrons la rivière Ruzizi jusqu'en Égypte… Tu nous accompagneras, Bombay ?

Le jeune Speke l'écoute en nettoyant son fusil. Il est pensif et silencieux. Parfois, j'ai l'impression qu'il est inquiet ; parfois non. Une chance sur deux…

Moi, j'attends juste de voir.

Plus que quelques jours de navigation.

Le lac devient très étroit ; nous en arrivons au bout. Les deux rives sont désormais bien visibles. Comme nous n'avons plus de nourriture, nous accostons à un village. Les habitants crient et chantent. La joie de voir arriver leur dîner ? Non, ils ont l'air accueillant.

Nos pagayeurs, soulagés, troquent perles et tissu contre des bananes et des poules. Je déplie le lit de camp du sahib sur la plage et l'aide à s'y installer.

— Bombay, va me chercher le chef du village, j'ai des questions à lui poser.

Après quelques instants, je reviens avec trois jeunes hommes vêtus de manteaux d'écorce imitant la peau du léopard.

— Le chef n'est pas là, ce sont ses fils.

— Ça ira... Demande-leur s'ils connaissent la rivière Ruzizi.

J'interroge les trois jeunes. J'ai un peu de mal à comprendre la réponse, car leur langue n'est pas tout à fait la mienne.

— Ils disent que oui.

Le sahib Burton se redresse brusquement sur son lit: les poils de sa barbe en tremblent de joie. Speke nous rejoint.

— Où se trouve-t-elle?

Les trois jeunes gens m'indiquent la même direction.

— Par là... À deux jours de pirogue.

— Deux jours?! s'exclame Burton. Dans deux jours, nous verrons la naissance du Nil... Tu entends, Johnnie, deux jours!... Est-ce une grosse rivière? Beaucoup d'eau du lac s'y déverse-t-elle?

Je pose la question, mais comme je ne suis pas sûr de bien comprendre la réponse, je la repose. Même réponse. J'aimerais poser une troisième fois la question, mais je sais que c'est inutile. Je n'en ai d'ailleurs pas la force. Je cherche mes mots pour traduire.

— Eh bien, Bombay?

— Ils disent… Ils disent que l'eau du lac ne coule pas dans la rivière. C'est l'inverse: c'est la rivière qui se jette dans le lac.

— Non, c'est impossible! Le capitaine Speke m'a affirmé qu'elle sortait du lac! Pas vrai, Johnnie? Demande-leur encore une fois!

Je pose à nouveau la question, mais je connais déjà la réponse.

— Tous les trois ont vu la rivière de leurs propres yeux! Elle se vide dans le lac.

Burton en écume de rage. Lui qui parle généralement si bien, il manque soudain de mots:

— Mais… qu'est-ce que ça veut dire? Johnnie… Johnnie, tu m'avais dit… tu m'avais affirmé que la Ruzizi sortait du Tanganyika…

Speke se racle la gorge, terriblement gêné.

— Euh, oui… eh bien… je n'ai fait que répéter ce que les marchands arabes nous avaient dit… ce que Bombay avait traduit…

Mais non! Ce n'est pas ce que j'avais traduit!

— Eh bien, Bombay, qu'as-tu à répondre?

Burton me fusille du regard. Je sens que toute l'affaire va se retourner contre moi. Quoi que je fasse, ça va me retomber dessus. Ce n'est pas le moment de penser à cela, mais un proverbe me revient à l'esprit : « Quand deux éléphants se battent, c'est toujours l'herbe qui est écrasée. » Et là, l'herbe, c'est moi. Je ne dois même pas essayer de lutter.

— Les marchands arabes n'étaient pas d'accord. L'un disait que la rivière sortait du lac, l'autre qu'elle y entrait et le troisième ne savait pas. Je croyais avoir bien traduit, mais je me suis sans doute trompé.

Le sahib Burton écume de colère. Il foudroie le jeune Speke, puis moi, puis Speke, puis moi. Et soudain, malgré sa maladie et sa faiblesse, il explose dans toutes les directions avec une incroyable violence :

— Vous m'avez trompé !... Tous les deux, vous m'avez trompé !... La seule chose vraie, c'est que cette foutue rivière se jette dans le lac !... Tout ce voyage pour découvrir ça !!!... Que ce n'est donc pas le Nil... Tout ce maudit voyage pour rien...

Puis comme s'il était maintenant vidé, il se calme, bascule la tête en arrière sur son lit de camp et répète dans un soupir :

— ... tout ça pour rien...

CHAPITRE **SIX**

Le retour après l'échec – Cap sur le Nyanza ! –
Speke veut encore y croire

Il est apparu au détour du sentier, immense.

Speke en est resté un long moment en arrêt, sans rien dire, puis il a déclaré :

— C'est lui !

Depuis, nous l'observons en silence.

Il est si grand que je n'en vois pas le bout : on dirait une mer. Sa couleur n'est ni bleue ni grise, un mélange des deux.

— C'est lui ! répète Speke, c'est vraiment lui !

Je ne sais pas comment il peut le savoir, mais il a l'air d'y croire. Il ne tient pas en place. Il fait trois pas vers le lac, revient vers moi, met sa main sur son front, l'enlève, repart vers le lac.

— Je l'ai trouvé… C'est lui !… Il faut fêter ça.

Il réfléchit à ce qu'il peut bien faire, aperçoit trois oies qui nagent en paix sur le lac et arme sa carabine.

— Bombay, jette-leur un caillou !

J'obéis. Les volatiles s'envolent. L'Anglais épaule son fusil, vise et tire. L'un des oiseaux cesse de battre des ailes et tombe comme une pierre sur la plage de sable marron.

— Touché !

Les Blancs ont de drôles de façons de se réjouir.

— Bombay, prends l'oie : nous la mangerons ce soir ! En attendant, cherchons un village de pêcheurs.

J'attrape la volaille encore chaude, et nous nous remettons en marche.

Cela fait seize jours que nous marchons

Voilà ce qui s'est passé depuis le Tanganyika. Après la rencontre avec les trois fils du chef, au nord du lac, le sahib Burton a voulu voir de ses propres yeux la rivière. Mais les pagayeurs, terrifiés par les cannibales, ont refusé d'aller plus loin. L'Anglais a essayé de les convaincre avec des mots et des perles, mais ça n'a servi à rien. Du coup, nous sommes retournés à Ujiji, puis nous nous sommes remis en marche vers Kazeh. Le voyage a duré trois semaines. Trois terribles semaines pour Burton : il a été malade tout le temps et, comme l'expédition est un échec, il n'avait plus le cœur au voyage. Il n'a pratiquement rien dit de tout le trajet ; désormais, je suis sûr qu'il déteste Speke. Avec moi, ça va mieux. Arrivé à Kazeh, Burton a décidé qu'on y resterait le temps qu'il guérisse. Il s'est installé chez son ami le marchand Snay ben Amir. Speke a alors commencé à s'ennuyer, il a beaucoup tourné en rond, puis a demandé l'autorisation d'aller voir l'autre lac, le Nyanza, au nord de Kazeh. À ma grande surprise, Burton a accepté : je crois qu'il a ainsi voulu se débarrasser quelque temps de son compagnon. Speke m'a demandé de l'accompagner, avec quelques porteurs. Si j'avais eu le choix, j'aurais refusé : depuis le coup du Tanganyika, je crois bien que je n'aime pas Speke. En fait, j'en suis même sûr.

Alors que le soleil couchant colore en orange les eaux du lac Nyanza, des enfants nus, les dents blanches derrière un grand sourire, accourent à notre rencontre. J'aperçois des pirogues sur la plage et, entre les bananiers, le toit en paille de plusieurs cases.

— On campe ici ! annonce Speke. Bombay, va me chercher l'homme du village qui connaît le mieux le pays !

Je reviens un peu plus tard avec un vieillard aux mains fripées. Les porteurs ont monté la tente de Speke. L'Anglais est accroupi sur le sable, devant un feu de bois. Il tient dans sa main droite une gamelle remplie d'eau bouillante, dans la gauche un thermomètre. Tous les enfants du village et quelques adultes sont debout autour de lui, à l'observer.

— Viens voir, me dit-il très excité. J'ai mesuré l'altitude du lac et elle est beaucoup plus élevée que celle du Tanganyika. C'est bon signe, ça !

— Comment avez-vous fait ?

— Je te le dirai plus tard. Ne faisons pas attendre notre invité. Dis-lui de s'asseoir !

Speke lui tend quelques perles de verre, mais ça n'a pas l'air de l'intéresser. Il lorgne la gamelle en métal sur le feu.

— Demande-lui jusqu'où il est allé, sur le lac.

L'homme me répond qu'il a longé la côte en pirogue vers la gauche et aussi un peu vers la droite.

— Est-ce qu'il a traversé le lac ? Sait-il s'il y a une rivière de l'autre côté ? Une rivière qui coulerait vers le nord ?

Le vieillard ne le sait pas. Il dit que personne n'est jamais allé jusqu'à l'autre bout du lac : il est bien trop grand pour cela.

— Grand comment ?

L'homme frotte le dos flétri de sa main droite avec le pouce de la main gauche, réfléchit, puis répond que le lac s'étend jusqu'au bout du monde. Oui, au bout de monde.

Speke trépigne.

— Un lac immense comme une mer et très élevé... C'est lui ! C'est dans ce lac que le grand Nil prend sa source... Je le sens !

Pendant que le vieillard louche avec envie sur notre gamelle, l'Anglais scrute les eaux sombres du lac — à chacun son rêve.

— Retournons à Kazeh prévenir Richard. Il faut absolument explorer ce lac jusqu'à son extrémité nord… Je sens qu'il en sort une rivière et que c'est le Nil.

J'imagine cette rivière coulant tranquillement vers le nord, traversant d'abord des forêts humides, puis des savanes sèches, puis un pays tellement sec que rien n'y pousse, ni arbres ni herbes, un pays dans lequel seul pousse du sable jaune, le pays de sable — à chacun son rêve.

— J'ai trouvé la source du Nil, répète Speke, c'est moi qui ai trouvé la source du Nil !

ENTRACTE

Retour a Londres

Londres, le 9 mai 1859.

Quelque chose avait changé, mais le capitaine John Speke ne parvenait pas à savoir exactement quoi.

Le temps était gris et les maisons ternes, malgré un printemps bien installé. Les sabots ferrés des chevaux résonnaient bruyamment sur le pavé de la ville. Les boulevards étaient embouteillés de calèches, de carrosses, de chariots, de carrioles. Quelques minutes plus tôt, il avait failli se faire renverser par un omnibus à cheval plein à craquer, les dames assises à l'intérieur du long véhicule et les hommes sur les bancs en bois installés sur le toit.

Le capitaine Speke avait une drôle d'impression. Il avait quitté Londres trois ans plus tôt, mais c'était comme s'il était parti la semaine d'avant. Rien n'avait vraiment changé : les mêmes costumes noirs et chapeaux hauts de forme pour les hommes ; les mêmes robes larges et corsetées à la taille pour les dames ; les mêmes réverbères à gaz et les mêmes arbres dans les rues. Comme si le temps s'était arrêté.

Pourtant, quelque chose était différent, mais quoi ?

Il quitta le boulevard pour une petite rue en terre battue qui menait à la Société royale de géographie. Il y avait de la poussière partout. Des enfants en guenilles jouaient dans le caniveau. Les mêmes qu'il y a trois ans.

— *Mornin' sir!*

Il se retourna et, au moment de répondre à l'enfant, comprit ce qui avait changé : une moitié des bruits de la ville avait disparu. Il était sourd d'une oreille. Le scarabée, la douleur, les maladies, les lacs, les disputes avec Burton, les journées de marche, les animaux sauvages, une foule de souvenirs d'Afrique lui revinrent à la mémoire, comme un souffle d'air chaud... Ce n'était pas Londres qui avait changé depuis trois ans ; c'était lui, John Speke.

Il franchit sans attendre la porte cochère de la Société de géographie et demanda à rencontrer sir Roderick Murchison.

— Qui dois-je annoncer ? Avez-vous rendez-vous ?

Quelques minutes plus tard, John Speke fut invité à entrer dans le bureau du président. À soixante-sept ans, Murchison avait encore pris de l'embonpoint et des cheveux gris. Difficile de l'imaginer en explorateur. D'ailleurs, il avait été géologue plus qu'explorateur, et il était resté en Europe.

— Vous voilà déjà ? s'étonna le vieil homme. J'ai reçu il y a trois jours un télégramme de Burton en provenance d'Arabie. Je ne pensais pas vous voir de sitôt.

Speke hésita à tout raconter d'emblée. Il décida d'attendre un peu pour voir les réactions de Murchison.

— Burton a été très malade, se contenta-t-il de dire. Il est resté à Aden pour reprendre des forces. Moi, j'ai pris le premier navire à vapeur pour l'Europe et je suis arrivé ce matin même à Londres.

— Alors, votre voyage vers les Grands Lacs ? Avez-vous trouvé les sources du Nil ? Dites-moi tout !

Speke commença par raconter le Tanganyika et la rivière Ruzizi, l'espoir puis la déception.

— Ainsi, vous ne l'avez pas trouvé…

— Je pense que si, rétorqua l'explorateur, comme si sa vie en dépendait.

Il raconta à Murchison, plus attentif que jamais, son voyage en solitaire vers le lac Nyanza — qu'il avait rebaptisé lac Victoria en hommage à la reine d'Angleterre Victoria — et son intime conviction d'avoir trouvé la source du Nil. Puis son retour vers Kazeh pour annoncer la bonne nouvelle à Burton.

— Et qu'avez-vous découvert, lorsque vous y êtes retournés tous les deux ?

— Rien ! Richard a refusé qu'on y retourne… J'ignore pourquoi. Il m'a dit que je n'avais aucune preuve et que, de toute façon, l'expédition était terminée, qu'on rentrait à Zanzibar.

— Mais vous aviez des preuves, n'est-ce pas ?

— Bien sûr. D'abord, le lac se trouve juste dans le prolongement du Nil, au sud de celui-ci. Ensuite, j'ai mesuré son altitude, plus de mille mètres au-dessus de la mer. C'est bien plus que l'altitude du Nil à Gondokoro, qui est de quatre cent cinquante mètres. Il est donc tout à fait possible que les eaux du lac Victoria coulent jusqu'à Gondokoro.

— Ce sont là de maigres indices…

Speke se sentit vaciller.

— Mais c'est le bon lac ! Je ne peux l'expliquer, mais j'en suis sûr…

— Ce n'était pas une critique, mon cher. La critique, je l'adresserais plutôt à Burton, qui aurait dû retourner explorer le lac avec vous. C'était de son devoir de chef.

Le vent était-il en train de tourner ?

— Peut-être Richard a-t-il eu peur que je lui vole les honneurs, insista Speke. C'était lui le chef de l'expédition et c'est moi qui ai trouvé le lac…

Il jeta un œil au globe terrestre qui ornait le bureau de Murchison. Au cœur de l'Afrique, sur une large zone marron, ces mots étaient inscrits : « Terres inconnues ».

— Si la Société de géographie le veut bien, poursuivit-il, si vous le voulez bien, j'aimerais organiser une expédition d'exploration du lac Victoria, une expédition dont je prendrais la tête… J'y ai beaucoup réfléchi : je pourrais retourner à Kazeh, puis contourner le lac par l'ouest afin de trouver les rivières qui en sortent. Et si, comme je le pense, la plus grosse d'entre elles est le Nil, je n'aurais ensuite qu'à la suivre jusqu'en Égypte…

— Intéressant… Très intéressant… Pourriez-vous nous en parler de manière un peu plus approfondie, un de ces jours ?

— Bien sûr.

— Serait-ce possible… mettons… demain ? Je préside justement une réunion de géographes.

— Demain !? s'étrangla Speke.

Oui, c'était possible, mais il y avait… il devait auparavant…

— Je dois vous avouer… je dois vous dire que, lorsque j'ai quitté Richard à Aden, je lui ai promis d'attendre son retour avant de venir vous trouver.

Quand il avait fait cette promesse, il pensait réellement la tenir. Puisque Burton était le chef d'expédition, il lui semblait normal, même s'ils ne se parlaient plus du tout, d'attendre son retour. Cependant, sur le vapeur qui l'avait ramené à Londres, il avait rencontré un journaliste nommé Laurence Oliphant, à qui il avait raconté son histoire. Ce dernier lui avait expliqué que jamais ses mérites ne seraient reconnus par Burton. Speke s'était laissé convaincre : il devait défendre ses droits tout seul.

C'est pourquoi, une heure plus tôt, il avait franchi sans attendre la porte cochère de la Société de géographie.

— Êtes-vous sûr de vouloir faire cette réunion demain ? Sans Burton ?

Murchison fit tourner machinalement le globe terrestre autour de son axe, le temps de la réflexion. Speke retint son souffle, comme pour aider le vieil homme à prendre la bonne décision.

— Oui, trancha Murchison. Burton a eu sa chance et il l'a gâchée. C'est maintenant à vous de saisir la vôtre.

• • •

Douze jours plus tard, Richard Burton arriva à son tour à Londres. Durant le long voyage en bateau, il avait eu tout loisir de réfléchir à sa prochaine expédition. Il voulait explorer le lac découvert par Speke, en compagnie de celui-ci, bien sûr.

« On a trouvé les sources du Nil ! » entendit-il au coin d'une rue.

Il se retourna : c'était un vendeur de journaux qui criait les gros titres pour attirer le lecteur.

Il fouilla dans ses poches, prit quelques pence, acheta le journal et survola l'article.

Le sol se dérobait sous lui.

Speke l'avait trahi. Il était allé voir la Société de géographie et avait même convaincu les géographes de lui confier une expédition. Sans doute leur avait-il ressorti ses sempiternelles sornettes sans fondement, celles déjà dites à Kazeh, ces fumeux « pressentiments », ces « je le sais, je le sens que c'est le bon lac » !

Et les géographes l'avaient cru !

Mais quelle monstrueuse bêtise d'avoir laissé Speke rentrer seul en Angleterre ! Quelle naïveté d'avoir cru qu'il tiendrait parole !

Il s'en voulait. Et le pire, c'est que la Société de géographie ne financerait jamais deux expéditions semblables. Puisque ce traître de Speke avait eu la sienne, jamais lui, Richard Burton, n'en aurait d'autre. Sa carrière d'explorateur venait de prendre fin.

Mais cela ne se passerait pas comme ça ! Jamais il ne laisserait Speke revendiquer aussi facilement la découverte des sources du Nil. La bataille ne faisait que commencer !

ACTE II

Vers le lac Victoria

CHAPITRE **PREMIER**

Le retour de Speke à Zanzibar –
En route vers le lac Victoria – Une attaque de brigands

Je cours derrière Baraka dans les ruelles poussiéreuses de Zanzibar.

Et je repense à ce proverbe : « Tu es le maître des paroles que tu n'as pas prononcées ; tu es l'esclave de celles que tu laisses échapper. »

Moi, mon caractère me pousse plutôt vers les proverbes avec des animaux : « Un moustique ne s'aventure jamais là où des hommes applaudissent » ou « Le singe sait à quoi il s'expose à vouloir prendre le porc-épic pour tabouret » ou encore « Le bœuf ne se vante pas de sa force devant l'éléphant. »

Mais là, tout en courant, je réalise que, depuis un an et demi, j'aurais dû garder en tête ce proverbe sur les paroles.

Depuis mon retour à Zanzibar, il y a un an et demi, mon ami Baraka m'a souvent invité à boire du vin de palme et m'a posé plein de questions sur mon voyage aux Grands Lacs.

Au début, je lui disais ce qui s'est réellement passé.

Mais depuis quelques mois, comme le sahib Speke ne revenait pas, contrairement à ce qu'il m'avait dit, j'ai cru qu'il ne reviendrait jamais et je suis allé un peu plus loin que la vérité.

J'ai par exemple raconté à Baraka que j'étais très ami avec Speke, qu'il m'avait appris à mesurer l'altitude d'un lac avec une gamelle, ou encore qu'il voulait faire de moi le guide de sa prochaine expédition.

Je lui ai aussi raconté le pays de sable, les petits crabes qui y vivent, et même une histoire d'arbre en sable mouillé qui grandit comme un vrai arbre en buvant de la rosée, sauf qu'en mourant le sable sèche et s'écroule. Baraka en a été très surpris, mais je lui ai assuré que, si, c'était vrai.

De toute façon, il ne devait rien savoir de la vérité puisque Speke ne devait pas revenir.

Mais Speke est revenu : il y a moins d'une heure, Baraka l'a aperçu au port et s'est empressé de me chercher.

Je cours derrière lui dans les ruelles de Zanzibar, et nous arrivons au port, tout dégoulinants de sueur.

Des hommes déchargent les caisses d'un bateau à vapeur. Un Blanc surveille leur travail, mais ce n'est pas Speke ni Burton. Le sahib Speke est un peu plus loin, à l'ombre, assis sur une pile de cordages. J'ai un peu de mal à le reconnaître : il a repris du poids et ses cheveux jaunes sont courts. Son allure aussi est différente ; j'ai l'impression qu'il se tient un peu plus droit.

— Bonjour sahib, lui dis-je en hindoustani.

— Hé ! Bombay ! Comment vas-tu, vieux crocodile ? Tu vois, je suis revenu !

Je le vois bien et je n'en suis qu'à moitié heureux. Ce n'est pas très beau, mais je suis parfois un peu rancunier: ce que j'ai ressenti au lac Tanganyika, lorsqu'il a rejeté sur moi l'erreur de la rivière Ruzizi, brûle encore dans ma poitrine.

— Demande-lui pour les arbres en sable! murmure Baraka en swahili derrière mon épaule.

— Oui, oui, c'est bon!... Mais toi, va faire un tour. C'est pas poli d'écouter les gens. Je veux saluer mon ami comme il se doit!

En fait, je veux surtout me débarrasser de Baraka, qui parle lui aussi hindoustani, pour qu'il n'entende pas notre conversation. Comme il s'éloigne en traînant des pieds, je me tourne vers le navire et les caisses, et demande à l'Anglais:

— C'est pour retourner au deuxième lac?

— Oui, mais cette fois, répond-il fièrement, ce sera moi le chef de l'expédition. Nous n'aurons plus tous les problèmes que nous avons connus avec Burton.

— Et l'autre sahib, là-bas?

— C'est mon assistant. Il s'appelle James Grant. Il est capitaine de l'armée britannique en Inde, comme moi. Tu pourras donc lui parler en hindoustani... Car je voudrais que tu viennes avec nous. Tu veux bien être mon interprète?

À vrai dire, je n'en sais rien. Juste après notre retour des lacs, je ne serais pas reparti avec Speke pour tout l'or du monde. Puis, avec le temps, je me suis dit que, finalement, je repartirais bien ; en fait, j'avais dépensé tout mon argent. Mais les mois passant, je ne me suis même plus posé la question.

— Euh... c'est à voir... pourquoi pas... Mais si j'acceptais, j'aimerais être guide !

— Non, ce sera Saïd ben Salim, comme la dernière fois.

— Alors son assistant ?

— Pourquoi pas, on verra plus tard...

Baraka nous tourne autour comme une mouche affamée. Il s'approche finalement et me demande en swahili :

— Qu'est-ce qu'il t'a dit ? Dis-moi ce qu'il t'a dit !

J'hésite à lui avouer que je ne serai jamais guide et que, depuis quelques mois, je lui ai raconté plusieurs petits mensonges.

— Il confirme que les arbres en sable existent, aussi vrai que ce bateau existe ! Et il a rajouté qu'au printemps des oiseaux venaient même y faire leur nid...

• • •

Je marche sur un sentier étroit, un ballot sur la tête.

Mon corps avait oublié le poids des fardeaux et la douleur des cailloux contre mes pieds.

Autour de nous, il y a la savane. Des antilopes, dont la tête dépasse des herbes hautes, nous observent, puis, soudain, bondissent et s'enfuient comme dans un rêve.

Depuis trois mois, nous avons traversé la région des Ouamrami, les pilleurs de caravane. Puis nous nous sommes enfoncés jusqu'aux genoux dans des marécages et nous avons franchi des jungles aux lianes entremêlées. Nos violentes fièvres ont disparu dès que le sentier s'est élevé vers les montagnes de l'Ousagara. Nous sommes ensuite redescendus vers la vallée de l'Ougogo, vers l'étang Diwa, où les éléphants boivent la nuit et les hommes le jour.

Bientôt, nous arriverons à Kazeh.

Par rapport au premier voyage, tout est pareil, mais tout est différent.

La caravane est deux fois plus grande que celle de Burton — presque deux cents personnes — et formée de gens très différents. Il y a dix soldats hottentots ramenés d'Afrique du Sud: comme personne ne comprend leur langage, ils restent toujours entre eux. Il y a aussi vingt-cinq soldats baloutchis, soixante-quinze anciens esclaves, cent autres porteurs… Le soir, ceux qui ont appartenu au même maître ou au même village se regroupent et mangent entre eux. Speke a essayé de les mélanger pour éviter les rébellions, mais il n'y est pas arrivé.

D'ailleurs, lui non plus ne se mélange pas : il passe tout son temps avec le capitaine Grant. Grant est un homme très gentil. Je ne lui ai pas encore beaucoup parlé, mais il est doux et ne s'énerve jamais. Parfois, il me rappelle Speke au début du premier voyage, lorsqu'il obéissait sagement à Burton. J'attends le moment où il élèvera la voix.

Moi, après la journée de marche, je retrouve Mabrouki et Baraka. Eh oui ! Baraka est du voyage. Avant le départ, Speke m'a demandé si je connaissais quelqu'un qui parle hindoustani pour servir Grant, et j'ai tout de suite proposé Baraka. Mais, au moment même où je prononçais son nom, je savais que je faisais une grave erreur. Depuis, je dois me souvenir de ce que je lui ai raconté et voir si ça correspond à la réalité.

Pour l'instant, je m'en sors plutôt bien. Je ne suis pas le guide de l'expédition, mais j'ai affirmé à mon ami que je le deviendrais bientôt. Chaque soir, j'aide le vrai guide, Saïd ben Salim, à distribuer leur salaire aux porteurs. Après le départ, j'ai conseillé à Speke d'attendre la fin du voyage pour les payer, afin qu'ils ne désertent pas comme avec Burton. L'Anglais m'a répondu qu'il n'était pas Burton et il a refusé. Je n'ai pas insisté : un grain de maïs a toujours tort devant une poule.

Mais, depuis, des porteurs s'enfuient presque chaque nuit. Je me demande pourquoi le sahib refuse mes conseils. Peut-être croit-il que s'il les suivait, il donnerait l'impression de m'obéir. Or il doit prouver qu'il est le chef… Je me demande si c'est un bon chef…

Burton, lui, savait écouter les grains de maïs.

Par rapport au premier voyage, ce n'est ni la nature ni les animaux qui ont changé, mais les hommes.

Ceux de la caravane et ceux des villages traversés : depuis plusieurs jours, les rares habitants que nous apercevons ne nous saluent pas. Ils nous regardent passer comme si nous avions une maladie grave, comme si nous marchions vers notre mort.

• • •

Je suis assis par terre, derrière des caisses empilées, le fusil chargé sur les genoux.

La lune éclaire si faiblement la savane que je n'y vois presque rien. Le chant des grillons me berce et j'ai envie d'aller me recoucher, mais mon tour de garde ne fait que commencer. Le feu de camp me réchauffe le dos.

Je m'ennuie.

Cela fait sept jours que nous sommes arrêtés à Jiwa-la-Mkoa, la « Roche-Ronde ». Nous manquons de porteurs pour continuer : presque tous ont déserté. Speke a envoyé deux messagers vers Kazeh pour demander aux marchands arabes soixante hommes et de la nourriture. Ils tardent à revenir.

Avant-hier, il a ordonné qu'on surveille le campement nuit et jour. Il a fait mettre les caisses en rond autour des tentes, pour faire un petit mur. J'ignore ce qu'il craint.

— Psstt… Viens voir.

Le soldat baloutchi qui surveille l'autre côté du camp, baïonnette au fusil, me fait signe de le rejoindre.

— Écoute…

Du bruit dans les herbes hautes. Je ne vois rien.

— Une lionne qui chasse ?

— Non, elles ont peur du feu.

— Des hommes ?

— Va réveiller le *bwana* !

Je me lève, entre dans la tente, soulève la moustiquaire, réveille Speke et lui explique les bruits.

— Donne l'alerte ! chuchote-t-il. Mais en silence, gardons l'avantage de la surprise…

En quelques minutes, tous nos soldats sont aux aguets, cachés derrière les caisses. Le frémissement des herbes a cessé. Fausse alerte ? Speke ordonne de rester sur ses gardes. Les minutes passent. Une hyène hurle au loin. Et à nouveau des bruits dans les herbes. À gauche, à droite et devant. Puis des cris.

Des hommes sortent des fourrés, s'élancent, courent vers le campement. Des lances volent. L'une d'elles tombe près de moi.

— Feu ! hurle Speke.

Je tire, nous tirons sur les assaillants. Ceux-ci, une trentaine d'hommes, semblent soudain hésiter. Certains s'arrêtent même. Ils croyaient attaquer par surprise un camp endormi, et ce sont eux qui sont surpris ! Nos tirs redoublent. En voilà deux qui s'enfuient, puis cinq autres, puis tous détalent comme des rats dans les fourrés !

— Cessez le feu ! ordonne Speke. Y a-t-il des blessés ?

Non, heureusement. Tout a été si rapide que je me demande même si l'attaque a réellement eu lieu. La lance plantée dans la terre, à deux pas de moi, me prouve que oui.

Le sahib Speke inspecte le campement. Comment a-t-il su pour l'attaque ? Finalement, il n'est peut-être pas un si mauvais chef que ça. Laissons-lui le temps de faire ses preuves…

Nous reprenons notre garde jusqu'au lever du soleil.

Au matin, alors que je déjeune, dix hommes viennent à notre rencontre les bras levés en signe de paix. Nos assaillants de la nuit ?

— Notre chef veut vous parler.

Je traduis à Speke, qui accepte.

Le chef en question est un homme jeune à l'air fier. Nous nous asseyons, Speke, Grant, lui et moi, dans une tente.

— Je m'appelle Manua Séra. Je vous ai attaqués la nuit dernière, car je croyais que vous étiez arabes… Je ne voulais pas m'en prendre à vous.

— Vous en voulez aux Arabes ? me fait demander Speke.

— Mon père, Fundi Kira, était le chef de la région. Je lui ai succédé il y a deux ans, à sa mort. Et comme les Arabes gagnent beaucoup d'argent avec les marchandises qu'ils font passer par mon territoire, je leur ai fait payer une taxe. Il est juste que je gagne moi aussi un peu d'argent, non ?

Speke hoche la tête d'une manière qui ne veut dire ni oui ni non.

— Les Arabes ont refusé et menacé de me détrôner au profit de mon demi-frère Mkisiwa. Mais moi, je ne pouvais pas tolérer ce langage ! Je ne suis pas une femme qu'on peut traiter avec autant de mépris. On en est donc venus aux mains : ils ont tué beaucoup de mes gens et j'ai tué beaucoup des leurs. Pour mon malheur, ils m'ont chassé de mon palais. Pour leur malheur, ils ignoraient que j'avais beaucoup de fidèles partisans. Depuis, nous pillons leurs caravanes. Ils ont juré ma mort, mais moi, c'est la paix que je veux. Pouvez-vous m'aider ?

— Que voulez-vous que je fasse ?

— Vous allez à Kazeh, n'est-ce pas ? Parlez aux Arabes et dites-leur que je veux la paix. Pour cela, ils ont juste à me rendre mon trône. Et pour vous prouver ma bonne foi, je vous fais un cadeau. Il y a deux jours, j'ai capturé un déserteur avec un ballot de perles de verre. Je crois qu'il vient de chez vous.

Manua Séra appelle un de ses lieutenants :

— Ramène le déserteur !

Speke appelle Baraka et lui ordonne en hindoustani :

— Des hommes vont ramener un déserteur. Tu lui donneras cinquante coups de fouet.

Pour le déserteur comme pour Speke, c'est le métier qui rentre.

CHAPITRE **DEUX**

Kazeh dans la guerre – Un facheux contretemps – Baraka, l'ami qui n'en est plus un

Les sources du Nil

CARNET DOCUMENTAIRE

RICHARD BURTON, né en 1821 en Angleterre, passe sa jeunesse en France et en Italie. De là, peut-être, son goût des voyages. Écrivain, chercheur d'or, aventurier, consul, linguiste parlant 30 langues, il voyage en Inde, en Arabie, en Afrique, en Amérique... La recherche des sources du Nil n'est donc qu'une des facettes de sa vie tumultueuse. Fascinant, sulfureux et autoritaire, il a autant d'ennemis que d'admirateurs. Marié à 39 ans, il meurt à 69 ans. Le livre qu'il aurait aimé écrire ? Une biographie de Satan...

BOMBAY, de son vrai nom Sidi Mubbarak, fait partie de l'ethnie Yao. Né dans les années 1820, il est capturé puis vendu comme esclave. Son maître l'emmène en Inde comme domestique. À sa mort, Bombay se rend à Zanzibar, où il entre dans la garde du sultan. Burton l'embauche comme interprète pour son expédition au Tanganyika. Il est râleur et parfois querelleur, mais aussi rusé et dur à la tâche. Si bien que Speke lui confie, lors de son expédition au lac Victoria, de plus en plus de responsabilités.

JOHN SPEKE, de six ans le cadet de Burton, n'aime rien tant que la chasse : dans sa maison familiale, il rassemble une immense collection d'animaux empaillés. Capitaine de l'armée britannique en Inde, il est recruté par Burton pour participer à la recherche des sources du Nil. Solitaire et renfermé, il est un marcheur infatigable doué d'un sens inné de la brousse. Véritable découvreur des sources du Nil, il meurt à 37 ans d'un étrange accident de chasse, la veille d'un débat crucial sur sa découverte.

Le mystère du Nil

Avant Burton et Speke, plusieurs expéditions ont tenté de remonter le « père des fleuves » jusqu'à sa source. En vain.

① **Au temps des pharaons,** les Égyptiens vénèrent le Nil, source de toute vie, sans essayer d'en trouver l'origine.

② **Vers 60 ap. J.-C.,** une expédition romaine envoyée par Néron remonte le Nil jusqu'aux marécages du Sudd, où elle reste bloquée.

③ **Au IIe siècle,** le géographe Ptolémée suggère que le Nil naît de deux lacs situés près des « montagnes de la Lune ».

④ **En 1770,** l'Écossais James Bruce atteint les sources du Nil Bleu, le principal affluent du fleuve.

⑤ **En 1840,** sous les auspices du vice-roi d'Égypte Méhémet-Ali, une expédition atteint Gondokoro, mais reste bloquée par la jungle.

Qu'est-ce qu'un fleuve ?

Un fleuve est un cours d'eau qui se jette dans la mer. Mais lorsqu'en remontant un fleuve, on arrive à un embranchement de deux affluents, lequel est le fleuve ? Le plus large ? Le plus long ? Le problème s'est posé avec le Nil Blanc et le Nil Bleu. Les géographes ont décidé que le Nil Blanc serait le fleuve ; le Nil Bleu la rivière.

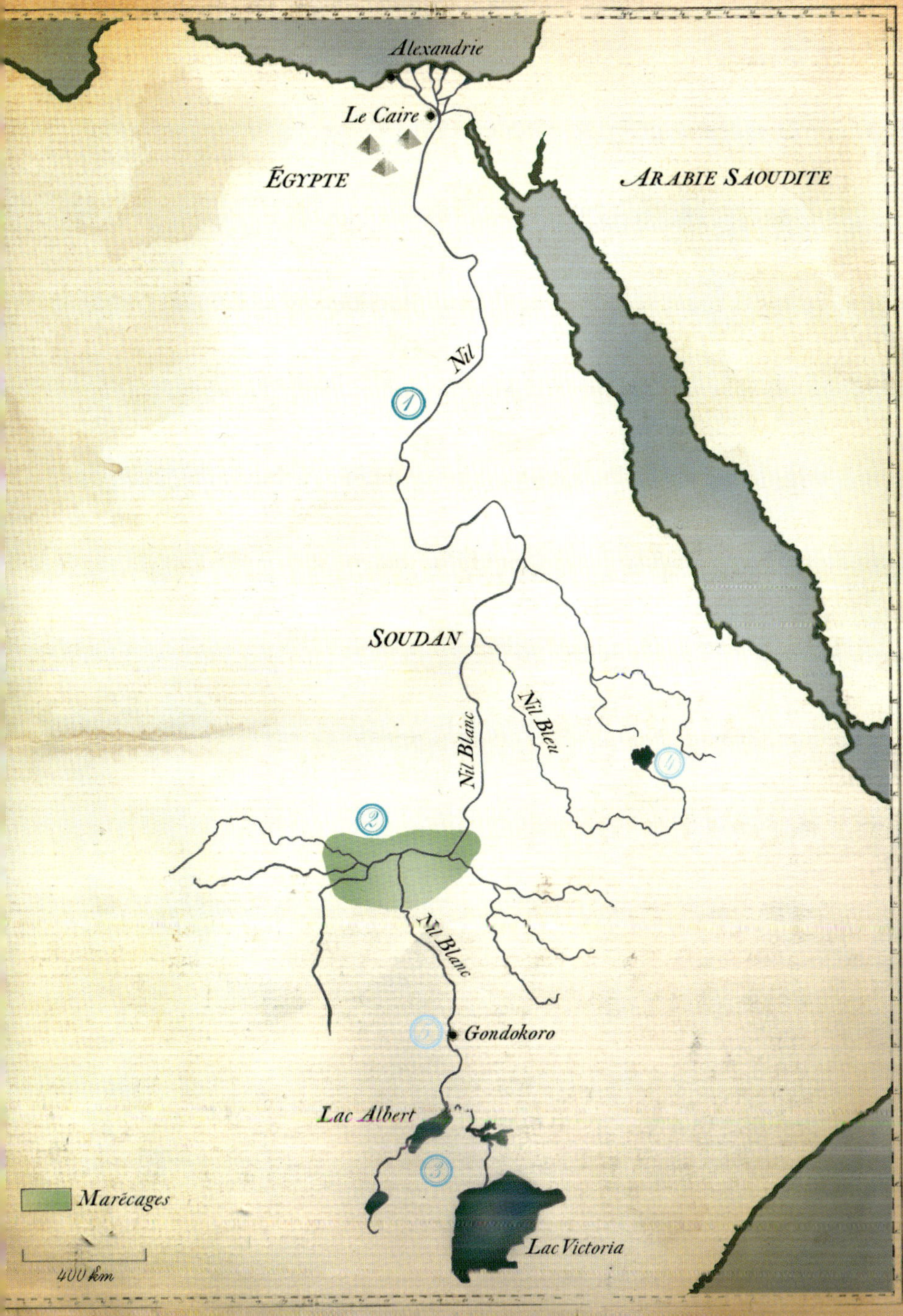
Alexandrie
Le Caire
ÉGYPTE
ARABIE SAOUDITE
Nil
1
SOUDAN
Nil Blanc
Nil Bleu
4
2
Nil Blanc
5
Gondokoro
Lac Albert
3
Marécages
Lac Victoria
400 km

Où se situe l'action ?

Puisque jungles et marais empêchent de remonter le Nil, Burton et Speke décident de contourner ces problèmes par le sud. Ils se rendent dans la région d'Afrique qui est aujourd'hui la Tanzanie. Objectif : trouver un grand lac d'où une rivière coulerait vers le nord, puis la descendre et voir s'il s'agit bien du Nil.

Burton et Speke (1857-1859)

Speke seul (1858)

Speke et Grant (1860-1863)

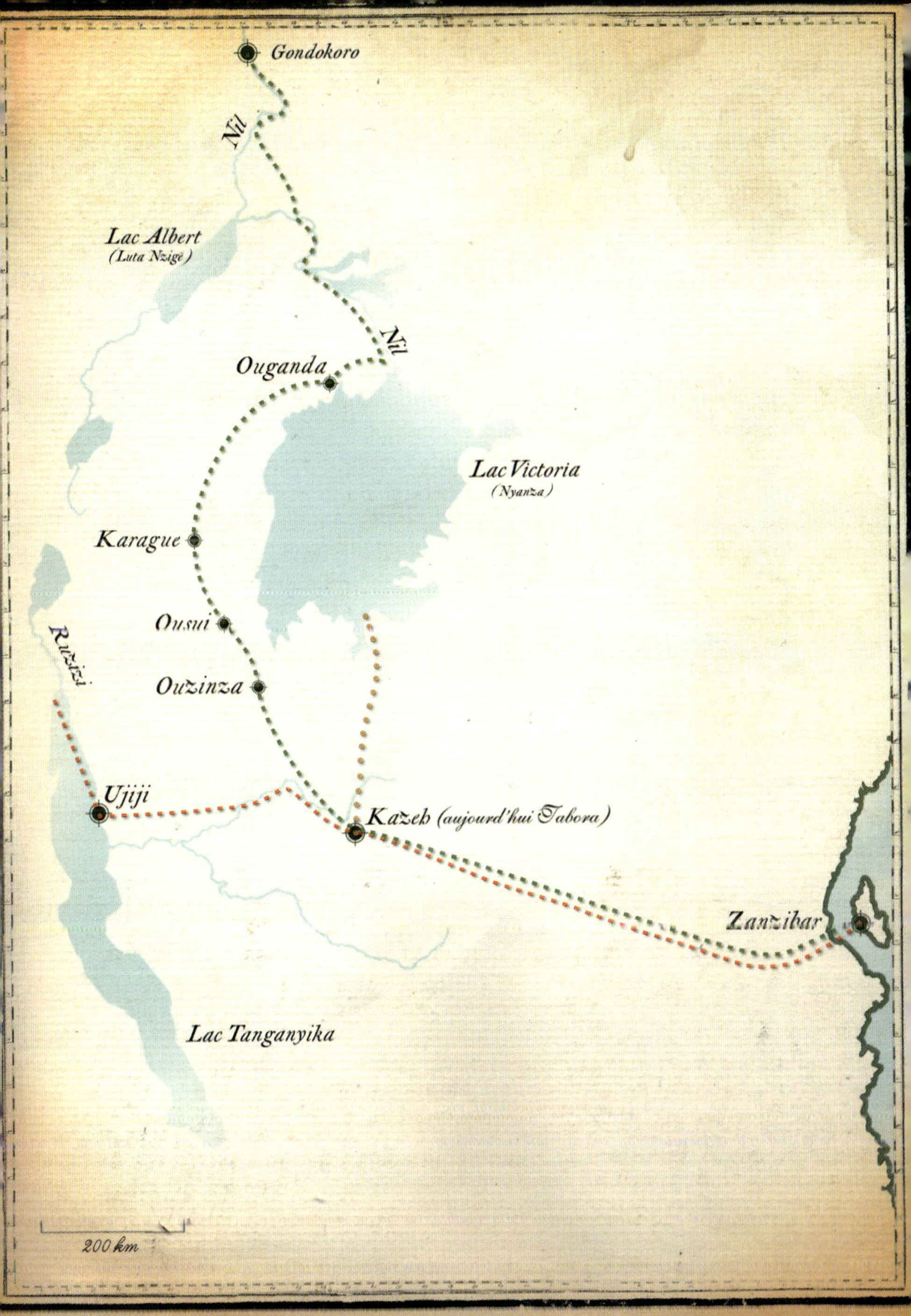
Gondokoro
Nil
Lac Albert
(Luta Nzigé)
Nil
Ouganda
Lac Victoria
(Nyanza)
Karague
Ousui
Ruzizi
Ouzinza
Ujiji
Kazeh (aujourd'hui Tabora)
Zanzibar
Lac Tanganyika
200 km

L'Afrique et les Européens

Jusqu'au XIXe siècle, les Européens cherchent peu à explorer le cœur de l'Afrique. Ils restent sur les côtes, ce qui leur suffit pour effectuer le commerce des esclaves et pour ravitailler les navires se rendant en Inde.

Au XIXe siècle, les explorateurs européens – Burton, Speke, Livingstone, Stanley, Brazza... – s'aventurent à l'intérieur de l'Afrique à la découverte de sa géographie, de ses habitants, de sa faune... À la fin du siècle, il s'agit de plus en plus de prendre possession du territoire au nom de son gouvernement : c'est le début de la colonisation.

Avec la colonisation, les Européens s'emparent de l'Afrique : Français à l'ouest, Britanniques à l'est, Belges au Congo... Objectif : se fournir en matières premières (or, café, caoutchouc...) et y revendre ses propres produits. Mais, pour les Européens de l'époque, il s'agit aussi de « civiliser » en évangélisant, éduquant, apportant science et médecine... L'Afrique, libérée du colonialisme au XXe siècle, reste encore profondément marquée par lui.

Livingstone lisant la Bible.

L'esclavage

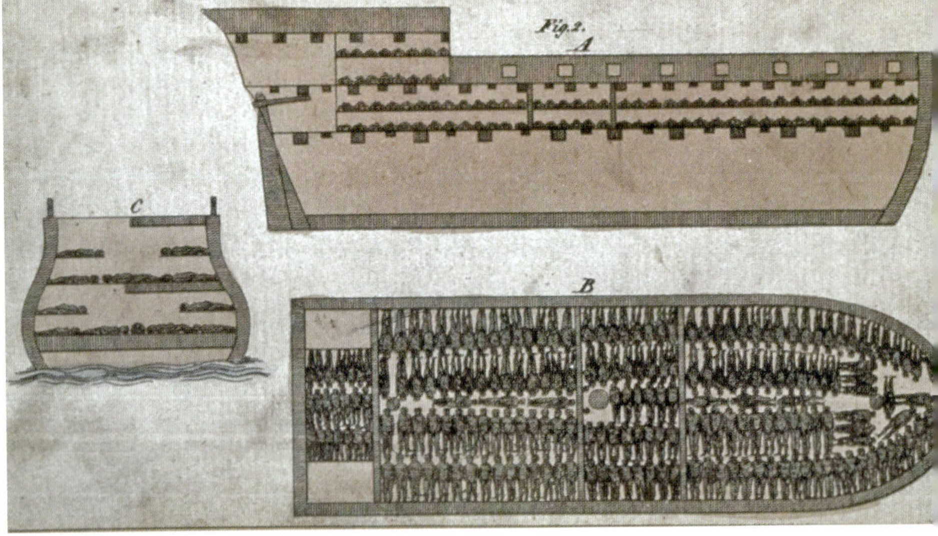

Les Africains entre eux. En Afrique, la terre a longtemps appartenu à tout le monde. Les hommes et les femmes étaient la seule richesse. Plus un homme avait d'esclaves, plus il était riche. Ceux-ci étaient souvent des prisonniers de guerre. Lorsque les Arabes et les Européens ont développé la traite des Noirs, des chefs africains se sont mis à leur service pour leur fournir des hommes.

La traite par les Arabes. Dès le début de l'Islam, des caravaniers arabes sont venus chercher en Afrique orientale des esclaves pour les revendre au Moyen-Orient ou en Afrique du Nord. Au XIXe siècle, l'île de Zanzibar, où se sont installés des sultans d'Oman, est la plaque tournante de ce trafic. Entre le VIIIe et le XIXe siècle, environ 12 millions de Noirs en ont été victimes.

La traite par les Européens. Pour alimenter en main-d'œuvre les terres conquises en Amérique, les Européens ont développé la traite des esclaves depuis la côte ouest de l'Afrique. Entre le XVIe et le XIXe siècle, plus de 12 millions de Noirs ont été victimes de ce terrible commerce. La Grande-Bretagne a aboli l'esclavage en 1808, la France en 1848, les États-Unis en 1865.

Toute une expédition

Une expédition au cœur de l'Afrique au XIXe était l'équivalent d'un voyage spatial aujourd'hui.

Stanley posant en explorateur

Le voyage jusqu'en Afrique. Depuis l'Europe, on s'y rend en bateau. Pour sa seconde expédition, Speke met plus de trois mois à rejoindre Zanzibar, en contournant l'Afrique par le sud.

Le matériel. Il comporte la monnaie d'échange pour payer vivres et porteurs (perles de verre, tissus, fil de laiton), le matériel de camping (tentes, lits, tables, chaises, couvertures, ustensiles de cuisine, vêtements, outils...), le matériel scientifique (chronomètres, boussoles, sextants, baromètres...) et les armes (fusils, revolvers, épées, balles, poudre...)

Les personnes. Entre les explorateurs, leurs serviteurs, le guide, les interprètes, les soldats, les esclaves des soldats, les âniers et une multitude de porteurs, les caravanes comptent plusieurs centaines de personnes.

Les déplacements. L'essentiel des déplacements se fait à pied ou à dos d'âne, à raison d'une vingtaine de kilomètres par jour. L'exploration des lacs et rivières se fait à bord de pirogues louées aux autochtones.

« Dr Livingstone, je présume ! »

Une polémique entre Burton et Speke est à l'origine d'une étonnante rencontre…

THE ILLUSTRATED LONDON NEWS

No. 1211.—VOL. XLIII. SATURDAY, JULY 4, 1863 WITH A SUPPLEMENT, FIVEPENCE

WAR WITH JAPAN.

If a sarcastic enemy of this country were asked to define what was meant by the advancement of civilisation by England, he would probably reply the opening of new markets for trade at the point of the bayonet. Although, as good patriots, we may reject the sneer, as men of common sense we must accept the fact. Passing by other and less important, though, so far as the theory is concerned, not less significant instances, take that of China. For how many years did we offer civilisation in the shape of bales of goods for sale to a country so benighted as not to understand the symbol; and how long was it that we were kept on the threshold of a land, the exclusiveness of which gave it an air of enchantment to our eyes! But the urgency of our peculiar principle of civilising the barbarian was not to be denied; and, after a protracted series of mistakes in ravaging the coasts and destroying provincial peasants, who were of less account in the estimation of the ruling powers than so many pigs of the Emperor's own breed, in the course of a third or fourth Chinese war we found ourselves in Pekin; and at last we were undeceived. It was discovered at the fountain head of Chinese policy that the armed Englishman was only the precursor of the enterprising trader; and, so far as things have yet gone, there is every reason to believe that the Celestial Empire is at length opened to the commerce of Europe, with special advantages attaching to that of England. On the abstract question of general policy involved in the system of the invasion by the sword to make way for the invasion of commerce it is useless now to dilate; but, in reference to the conduct of the details of that policy, a useful lesson has been learnt from the course of events in our successive operations in China. It has been clearly demonstrated that little wars, even with Asiatics so unwarlike as the Chinese, are mistakes. When we left off something like buccaneering on the seaboard of China, and waged war as between Queen and Emperor, the difficulties were found to be less, and the results actual. As it has been with China, so it seems that it is likely to be with Japan. The latest accounts inform us that, ere this, war has been distinctly declared against Japan by England, France, and Holland, and the question arises how

AFRICA

RECEPTION OF CAPTAINS SPEKE AND GRANT BY THE ROYAL GEOGRAPHICAL SOCIETY.—SEE PAGE 27.

ARCHIVES

L'annonce de la découverte par Speke des sources du Nil (voir ci-contre), après son second voyage, aurait dû mettre un terme à cette énigme. Mais Burton, jaloux de son ancien compagnon, sème si bien le doute que la Société royale de géographie envoie David Livingstone en Afrique pour éclaircir le mystère. Médecin et missionnaire, celui-ci a l'habitude de voyager seul et sans caravane. Rapidement, il ne donne plus signe de vie. Est-il toujours vivant ?...

À New York, le directeur d'un journal sent le bon coup : il envoie son reporter Henry Stanley à la recherche de Livingstone et publiera son récit. Trois ans après le missionnaire, Stanley se rend à Zanzibar et suit sa trace au cœur de l'Afrique. Le 10 novembre 1871, le journaliste arrive à Ujiji, au bord du lac Tanganyika, et découvre un homme blanc épuisé et malade. Stanley enlève son chapeau et lance : « Dr Livingstone, Je présume ! » (voir ci-dessous). Qui d'autre cela aurait-il pu être ? À l'époque, il n'y avait pas d'autre homme blanc à 1 000 kilomètres à la ronde...

Les sources du Nil, aujourd'hui

On considère généralement que le Nil naît dans le lac Victoria. Mais plusieurs rivières se jettent dans ce lac. La source de la plus longue d'entre elles n'est-elle pas également la source la plus éloignée du Nil ? En mars 2006, après avoir remonté l'intégralité du fleuve, l'équipe du Britannique Neil McGrigor a annoncé l'avoir découverte. Au cours de cette expédition, un ami des aventuriers a été tué par des rebelles ougandais. À 2 428 mètres d'altitude, au cœur de la forêt rwandaise, un filet d'eau jaillit d'un trou vaseux. C'est la source de la Rukarara, rivière qui se jette dans la Kagera, qui elle-même se jette dans le lac Victoria. En tout, le Nil mesure 6 718 km. Il est dans le trio de tête des fleuves les plus longs, avec l'Amazone et le Mississippi-Missouri.

À notre arrivée à Kazeh, nos ballots à peine à terre, nous recevons la visite de Snay ben Amir et de plusieurs marchands. Si le vieil Arabe garde fièrement ses sentiments pour lui, les autres ont perdu leur arrogance d'il y a deux ans. Je sens même de la peur chez certains.

Speke me demande de traduire.

— Vos deux messagers m'ont prévenu de votre arrivée, explique le cheikh Snay. J'ai retardé mon départ pour vous faire bon accueil…

— Vous partez ?

— Oui, je pars en guerre contre Manua Séra.

— J'ai justement croisé son chemin il y a quelques jours et…

— Il fallait l'égorger ! Avez-vous égorgé ce chien ?

— … et il m'a chargé de vous dire qu'il voulait la paix.

— Trop tard ! Depuis des mois, ce pillard cause notre ruine. Notre patience est à bout. Puisqu'il ne connaît que le langage de la force, nous lui parlerons ce langage.

— Vous ne voulez pas essayer plutôt la paix ? insiste Speke, pour qui il sera plus facile de trouver des porteurs en temps de paix.

— Non, j'étais sur le point de partir au combat avec quatre cents esclaves lorsque j'ai appris votre venue. Je ne suis resté que pour vous présenter mes adieux.

— Attendez au moins jusqu'à demain...

— Non. Mes hommes m'attendent pour un grand dîner de bœuf, comme le veut leur tradition avant une bataille. Dès ce soir, nous nous mettons en route. Et si Dieu le veut, nous vaincrons. *Inch'Allah !*

— *Inch'Allah*, répond mollement Speke, déçu de n'avoir pu éviter cette guerre qui va retarder l'expédition.

• • •

Kazeh a bien changé depuis deux ans : l'odeur du luxe a disparu. Dans les jardins, les marchands ne font plus pousser des fleurs, mais des légumes. Certains *tembés* ont été transformés en étables. Une odeur de purin flotte sur le bourg.

• • •

Musa, l'un des trafiquants restés ici, est venu raconter ses malheurs à Speke : comme Manua Séra a longtemps laissé passer ses caravanes, les autres marchands l'ont soupçonné de fournir de la poudre aux rebelles. Du coup, il veut quitter Kazeh pour aller vers le nord et propose à Speke de faire caravane commune. Il va d'ailleurs envoyer des recruteurs dans la région pour trouver des porteurs.

— Combien d'hommes vous faudrait-il ? demande-t-il.

— Au moins soixante, répond l'Anglais, tout heureux de l'aubaine.

• • •

Déjà une semaine à Kazeh.

Jafu, un autre marchand arabe, est revenu d'une tournée de dix jours dans le district pour y chercher du grain. La situation est catastrophique : à cause de la guerre, on manque d'hommes dans les champs et les récoltes sont maigres. Partout, la famine tue.

— Je vous conseille d'attendre la fin des combats pour aller vers le nord, prévient-il. Suwarora, le prince de l'Ousui, a dit qu'il écorcherait vif quiconque passerait par son territoire !

L'Anglais lâche une parole dans sa langue. Ce doit être un gros mot : on dirait qu'il le crache par terre.

• • •

Speke s'accroupit à l'ombre d'un baobab et trace un rond dans le sable. Il dessine ensuite un trait qui part du rond et monte vers le haut. Puis, à une main de distance en dessous du rond, un point.

— Pour répondre à ta question, voici mon plan. Le rond, c'est le lac Victoria.

— Nyanza ?

— Oui, mais il s'appelle maintenant Victoria.

Je ne comprends pas pourquoi Speke a changé le nom. Celui donné par les Africains n'était-il pas assez bien ? Le sahib Burton, lui, avait laissé son vrai nom au lac Tanganyika.

— Le trait qui monte, c'est le Nil. Et ce point en dessous, c'est Kazeh.

Il trace une ligne qui part du point et contourne le rond par la gauche.

— Dès que nous aurons les porteurs, nous partirons vers le nord. D'après ce que m'ont dit les Arabes, nous traverserons l'Ouzinza, l'Ousui, le Karagué et l'Ouganda.

— Mais puisque le prince de l'Ousui ne veut pas de nous, on ferait mieux de passer par la droite du lac, non ?

— Non, car c'est le pays des terribles guerriers massaï. Ils sont encore plus dangereux.

— Et en naviguant sur le lac ?

— Il faudrait de gros bateaux pour transporter toute notre marchandise et nous n'en avons pas.

Speke poursuit sa courbe jusqu'au sommet du rond, là où commence le trait qui monte.

— Si j'ai raison, c'est ici, en Ouganda, que le Nil sort du lac. Nous n'aurons ensuite qu'à suivre son cours jusqu'en Égypte.

— Le pays de sable ?

— Le quoi ?!...

— Le pays où il n'y a que du sable jaune ?

— Heu... oui, c'est ça.

— Et ensuite, on rentrera à la maison par le même chemin ?

— Non, ce serait trop long. Toi, Baraka, Mabrouki et les autres, vous rentrerez en bateau vers Zanzibar. Grant et moi, vers l'Angleterre.

• • •

Quinze jours depuis notre arrivée.

Des nouvelles nous parviennent de la guerre.

L'armée du cheikh Snay a cerné Manua Séra dans un village. Comme il leur a échappé, les Arabes, furieux, ont porté la dévastation sur le village et le district. Ils tuent les hommes et envoient les femmes, les enfants et le bétail à Kazeh.

Je n'ai jamais aimé les marchands et les aime encore moins aujourd'hui. Cependant, je garde mes sentiments pour moi, car, pour le moment, eux seuls peuvent nous aider à trouver des porteurs.

« N'insulte pas le crocodile avant d'avoir traversé la rivière. »

Mais je ne les aime quand même pas.

• • •

Comme les recruteurs de Musa tardent à revenir, Speke et Grant sont partis une semaine à la chasse à l'antilope noire. Grant est revenu avec de fortes fièvres. Notre guide Saïd ben Salim aussi est malade. Et les soldats hottentots également. Ils ne supportent pas le soleil de cette région d'Afrique. L'un d'eux a fait la sieste sans se protéger la tête : au réveil, il était si mal qu'il en est mort.

• • •

Un mois et demi depuis notre arrivée : journée de pleurs à Kazeh. Alors que Snay et ses hommes se rendaient au secours d'une caravane attaquée, l'armée rebelle leur est tombée dessus. Beaucoup d'esclaves sont morts sous une pluie de lances. Le cheikh, après avoir tenté de fuir, a appelé son serviteur :

— Je suis trop vieux pour courir. Prends mon fusil, je te le donne comme souvenir. Moi, je vais me coucher ici et attendre ce qu'Allah a décidé pour moi.

On ne l'a pas revu depuis.

Toute la région de l'Ougogo est désormais en rébellion. Manua Séra parle de marcher sur Kazeh.

Notre situation devient très critique : nous ne pouvons ni avancer ni reculer. Et si nous restons, nous serons attaqués.

• • •

Les recruteurs du marchand Musa sont revenus avec trente-neuf porteurs. Trente-neuf seulement !

— Nous en avions cent vingt, mais, à l'approche de Kazeh, les désastres de la guerre les ont effrayés. Tous se sont dispersés, sauf ceux que voici.

Speke se réunit avec Grant, puis m'annonce sa décision :

— Nous partons.

— Mais nous manquons d'hommes…

— En fait, toi, tu restes ici avec le marchand Musa. Tu garderas une partie du chargement. Pendant ce temps, je partirai vers le nord avec le capitaine Grant, les trente-neuf porteurs et le reste du chargement. Là-bas, je chercherai moi-même d'autres hommes. Je te les enverrai et tu nous rejoindras avec la fin du chargement.

— Mais, sahib, vous avez besoin d'un interprète !

— Baraka sera mon interprète.

— Baraka ? Mais il n'y connaît rien... Il n'a même pas participé à la première expédition. C'est moi, votre interprète !

— Surveiller le chargement est une mission de confiance, Bombay, c'est pour cela que je te la confie...

J'ai surtout l'impression que Baraka est en train de me voler ma place.

• • •

Quinze jours depuis le départ de Speke et des autres.

Je me demande ce qu'ils font là-bas, comment ils s'en sortent sans moi. Je les imagine marchant vers le lac. Sans doute traversent-ils des petits villages et des forêts. Les cases ressemblent-elles aux *tembés* de Kazeh ? Comment la famine se fait-elle sentir ? Et quels animaux croisent-ils dans la forêt et la savane ? Speke a-t-il vu un rhinocéros ? Depuis le temps qu'il veut en chasser un...

J'aimerais tant être avec eux.

C'est curieux : il y a quatre ans, lorsque le sahib Burton m'a embauché pour le premier voyage, j'avais surtout envie de dormir à l'ombre d'un cocotier et de boire du vin de palme. Aujourd'hui que je n'ai que ça à faire, je voudrais marcher, revoir le grand lac, découvrir le Karagué — on m'a raconté de drôles de choses sur les femmes de ce pays. Et j'aimerais tant apercevoir cette rivière que les Blancs recherchent depuis si longtemps, me baigner dans son eau, et descendre son cours jusqu'au pays de sable, qui doit être merveilleux.

Mes pieds sont lourds de rester ici.

• • •

Des porteurs sont enfin arrivés.

Le marchand Musa étant très malade, je le laisse à Kazeh et je pars avec ma petite caravane vers Mininga, où je rejoins Speke et les autres. Mais là, tous nos hommes prennent peur et refusent de poursuivre : des voyageurs venus de l'Ousui ont confirmé que le prince Suwarora avait construit des forteresses sur sa frontière et qu'il maltraitait les étrangers. Speke décide de revenir à Kazeh pour demander à Musa cinquante esclaves, qu'il paiera. Pendant ce temps, Grant restera à Mininga avec les marchandises.

Mon avis n'a aucune importance, mais je ne crois pas qu'en retournant là-bas on aura plus de chances de trouver des porteurs ; en fait, j'ai l'impression que Speke ne sait plus trop quoi tenter pour s'en sortir.

• • •

Retour à Kazeh, donc, trois mois après notre première arrivée. Bien évidemment, aucun des esclaves de Musa ne veut nous accompagner.

Rien ne s'arrange, quoi qu'on fasse, rien ne s'arrange.

— Vous êtes revenus ? Quel grand bonheur ! Il paraît que vous avez besoin de porteurs. Nous pouvons vous en procurer, mais il faudrait que vous nous aidiez à faire la paix avec Manua Séra…

Plusieurs marchands arabes, tremblant de peur devant l'avancée du chef rebelle, sont venus trouver Speke. Ils sont amusants à voir : lors du premier voyage, ils méprisaient l'Anglais pire qu'un chien boiteux, parce qu'il ne parlait pas l'arabe et ne s'intéressait qu'à la chasse. Et maintenant les voilà implorants, presque à genoux !

Pour obtenir les précieux porteurs, Speke accepte d'envoyer une délégation de paix auprès de Manua Séra. Il la confie à Baraka. Baraka ?…

• • •

Hier, Baraka est revenu triomphalement avec deux ministres du chef rebelle, dont un borgne.

Aujourd'hui, nous sommes tous réunis dans un grand *tembé*, les trafiquants arabes, les gens de l'expédition et les deux ministres : nous écoutons les propositions de paix que Baraka dit au nom de Speke.

Moi, je n'écoute pas, je réfléchis, je pense à mon ancien ami, celui que j'ai fait venir dans la caravane. Je le regarde parler au nom de l'Anglais, être son interprète, celui qu'on envoie dans les missions difficiles.

Je n'en suis pas fier, mais je suis très jaloux.

Après les propositions de paix, les deux ministres se retirent pour discuter. Je m'approche de Baraka, qui parle en hindoustani avec Speke.

— Va faire un tour ! me jette-t-il en swahili. Ce n'est pas poli d'écouter les gens. J'ai des choses importantes à dire à mon ami le sahib.

Mais… c'est un ordre ! Ce n'est pas bon, ça, pas bon du tout. Je m'éloigne un peu, bouillonnant de colère : lui, mon vieil ami, me donne des ordres comme à un esclave ! Je suis sûr qu'il a manigancé quelque chose pour me prendre ma place…

Lorsqu'il en a fini avec Speke, je l'interpelle en swahili :

— Eh, Baraka, tu ne serais pas un peu en train de me voler ma place ? Qu'est-ce que tu as raconté au sahib pour devenir son interprète ?

— Rien. Rien du tout! Il a vu tout seul que j'étais plus intelligent que toi. Je n'ai rien eu à inventer pour me rendre intéressant.

— À inventer?

— Des arbres en sable, par exemple.

Ah, je comprends... Tu me fais payer mes erreurs. Merci, mon ami, de me les rappeler! Mais fais bien attention de ne pas en faire toi-même, fais bien attention...

• • •

Un messager du prince Suwarora est arrivé à Kazeh. Il veut savoir de Musa, qu'il connaît personnellement, si les Arabes nourrissent des sentiments hostiles envers lui. Il souhaite qu'une délégation vienne l'en assurer.

Le marchand Musa, de plus en plus malade, propose à Speke d'apporter la réponse à sa place. Nous serons ainsi bien accueillis. Cela nous fait un souci en moins.

Reste le problème des porteurs.

• • •

La nuit est bien avancée.

Des chants lugubres s'élèvent au-dessus de Kazeh. Je les ai déjà entendus quelque part, mais quand?

Speke nous a réunis en urgence. Dans l'après-midi, tout s'est accéléré : le ministre borgne a subitement annoncé qu'il n'y avait plus de traité de paix et s'est enfui en tirant une flèche derrière lui.

— Nous partons demain à l'aube, explique l'Anglais.

Baraka traduit, et moi j'enrage — je me demande ce qu'il a raconté à Speke pour obtenir ma place. Lui a-t-il parlé de ces stupides crabes imaginaires et autres bêtises de sable ? J'espère que non.

— Saïd ben Salim, notre guide, tu es trop malade pour poursuivre : tu retourneras à Zanzibar dès que les caravanes passeront à nouveau. Tu prendras avec toi les soldats hottentots, eux aussi trop faibles pour poursuivre. Les autres, nous repartons pour Mininga. Nous y retrouverons le capitaine Grant et notre chargement. Je recruterai des porteurs sur place, puis nous continuerons vers l'Ouzinza, l'Ousui, le Karagué, l'Ouganda.

Soudain, je me souviens où j'ai entendu ces chants sinistres auparavant : c'était ici même, à Kazeh, il y a trois mois et demi, le soir de notre arrivée.

Quelque part dans la ville, les marchands arabes et leurs esclaves font un dîner de bœuf. Demain, ils iront combattre le redoutable Manua Séra.

CHAPITRE **TROIS**

En route vers le nord –
Le kaquenzingiriri *contre le* hongo *–*
« Rencontre » avec le prince Suwarora

Pied droit, pied gauche, pied droit…

Je suis heureux de reprendre la route.

Le soleil est chaud et le sentier rugueux sous mes pieds nus, mais j'aime ça. Les bois et les champs se succèdent. Nous traversons des plaines où pousse un palmier appelé pain d'épices. Ce n'est pas le chemin d'il y a trois ans, lorsque nous avons découvert le Nyanza : aujourd'hui, nous allons plus vers l'ouest, pour contourner le lac.

Pied gauche, pied droit, pied gauche…

À Mininga, nous retrouvons le capitaine Grant et le matériel. Speke parvient à embaucher des porteurs, mais comme ils ont peur du prince Suwarora, ils refusent de marcher plus de deux jours et exigent, pour chaque journée, dix colliers de perles par homme — dix fois ce que paient les Arabes. Speke râle, mais nous n'avons pas le choix : nous devons avancer.

Pied droit, pied gauche, pied droit…

Halte au village de Nunda. Les porteurs refusant de continuer, Speke poursuit en éclaireur. Il prend avec lui

Baraka — fils de chacal ! — et me laisse ici avec Grant et le chargement.

Le seul intérêt du village est son chef, un vieil homme aux cheveux blancs respecté de ses sujets et de ses quatre épouses. Il suffit de voir sa case pour comprendre pourquoi : sur la palissade, les mains et les crânes de ceux qu'il a fait exécuter pour l'exemple.

Par peur de faire une bêtise fatale, je reste le plus souvent avec le capitaine Grant. Cet homme me fait penser aux voilages qu'il y a chez le sultan de Zanzibar. Ils sont si fins, si légers et si souples qu'on voit à travers et qu'on oublie même leur existence. Grant est pareil : il est si gentil, il obéit toujours sans rouspéter, il ne se plaint jamais des fièvres ni de la fatigue, on l'entend si peu qu'on oublie qu'il existe. J'attends le moment où le voile se déchirera et où il montrera un autre visage, comme ça s'est passé avec Speke et avec Baraka-la-hyène.

Après quinze jours d'attente, les voilà qui reviennent.

— Une catastrophe ! se plaint l'Anglais. On est restés bloqués dans le village du chef Makaka. Pour nous laisser passer, il exigeait un cadeau, le *hongo* comme ils l'appellent. Aucune des étoffes que je lui proposais n'était assez bien. Il voulait un *déolé*, l'une de ces magnifiques écharpes de soie que je garde pour les princes et les rois. Pas pour les petits chefs ! Je lui ai dit que nous n'en avions pas, mais Baraka a cru bon d'ajouter qu'en cherchant bien, peut-être… Après un tel aveu, inutile de résister !

Je jette un œil à Baraka, assez content de sa maladresse.

— Et tout ça pour rien : nous n'avons pas trouvé de porteurs. J'ai donc changé mon plan. J'ai voulu envoyer Baraka en mission chez le prince Suwarora, pour qu'il nous expédie quatre-vingts porteurs. Mais Baraka a eu peur d'y aller et j'ai dû y envoyer à sa place Makinga, l'un de nos anciens porteurs.

Je regarde Baraka-le-bousier-maladroit-et-peureux aussi fort que je le peux. J'aimerais qu'il tourne la tête vers moi, puis baisse les yeux, mais il n'en fait rien.

— Qu'est-ce qu'on fait en attendant ? interroge Grant.

— Vous, vous restez ici, et moi, je retourne à Kazeh. Un voyageur m'a appris que le marchand Musa avait succombé à sa maladie. Ses esclaves sont donc libres. Peut-être nous accompagneront-ils vers le nord…

L'Anglais se tourne vers moi.

— Toi, tu viens avec moi.

— Moi ?! fais-je faussement étonné et vraiment heureux.

Baraka baisse enfin les yeux vers le sol, vaincu.

« La mouche peut voler tant qu'elle veut, jamais elle ne deviendra un oiseau. »

• • •

Pied droit, pied gauche, pied droit…

Cette fois, nous marchons pour de bon vers le nord.

Après un rapide retour à Kazeh, nous avons enfin assez de porteurs pour aller de l'avant. Nous y avons aussi rencontré Nasib, un vieux guide arabe qui est allé plusieurs fois en Ouganda. C'est lui qui nous conduit à travers les campagnes et les forêts de l'Ouzinza. Chaque pas nous rapproche de la mystérieuse rivière et du pays de sable. J'ai hâte de les voir.

D'autant que le ciel s'éclaircit au-dessus de nos têtes : le prince Suwarora nous a envoyé quatre messagers pour nous dire que, s'il ne pouvait nous fournir les quatre-vingts hommes demandés, il nous recevrait bien volontiers. Il nous a aussi fait parvenir un *kaquenzingiriri*, une longue baguette en bronze avec des talismans accrochés tout autour, pour nous aider à nous faire respecter en chemin.

Malgré tous ces bons signes, le sahib est très inquiet : depuis notre départ de Zanzibar, plus de la moitié de nos marchandises a été dépensée ou volée par des déserteurs. Et une autre partie vient d'être dérobée à Grant alors que nous revenions de Kazeh. En aurons-nous assez pour aller jusqu'au bout ? Car sans perles de verre ni tissu, plus de porteurs ni de nourriture, donc plus d'expédition…

À l'approche de chaque village, l'inquiétude du sahib grandit un peu plus.

Voilà comment ça se passe : le chef du village, un grand sourire aux lèvres, nous souhaite la bienvenue et nous offre une vache. Une vache maigre, avec juste la peau sur les os et un pis sec comme une calebasse vide. En échange, il nous demande, si c'est possible, un petit cadeau, juste un minuscule souvenir de notre passage. Speke prend quelques étoffes dans un ballot et les lui tend avec cérémonie, comme s'il s'agissait de la plus belle chose au monde.

Le chef du village y jette un œil et les repousse.

— Je suis un peu déçu. Je vous offre la meilleure vache de la région, et vous, vous me donnez ce bout de tissu ? Notre amitié n'a-t-elle pas plus de valeur ?

Speke toussote, mal à l'aise, puis ajoute d'autres bouts d'étoffe. Le chef du village les repousse cette fois avec dédain.

— Je ne demandais pas grand-chose, mais là je me sens humilié ! Gardez la vache, elle est à vous. Nous nous reverrons demain. Peut-être la générosité vous sera-t-elle revenue...

Le lendemain, le chef du village revient à la charge. Speke le reçoit le *kaquenzingiriri* à la main — on ne sait jamais, ça peut impressionner, même si les talismans n'ont pas tous leurs pouvoirs, car nous ne sommes pas encore dans le pays de Suwarora. Speke propose toujours plus de tissu, et aussi des colliers de perles et du fil en laiton. Le chef hésite, explique qu'on ne peut pas acheter une vache pour le prix d'une chèvre, s'en va, puis revient. Ça peut durer des heures.

Finalement, il retrouve le sourire et annonce :

— Mon épouse trouve vos cadeaux très beaux et me dit de les accepter.

Speke, soulagé, s'apprête à se lever : il est grand temps de repartir.

— Et maintenant qu'on en a fini avec les cadeaux de mon épouse, poursuit le chef, parlons des miens…

Là, fou de rage, l'Anglais abandonne et me laisse poursuivre seul les négociations — moi, pas Baraka-le-gnou-déchu. Je ne sais pas comment ça se passe dans le pays de Speke — il m'a dit que les objets avaient un prix, soit on achetait, soit on n'achetait pas, mais on ne perdait pas tout ce temps en discussions —, je ne sais pas comment ça se passe là-bas, mais il a du mal à comprendre qu'ici les négociations sont un jeu. C'est une façon de faire connaissance, de se mesurer à l'autre, de gagner un peu plus en rusant, en mettant mal à l'aise, en faisant semblant de partir pour mieux revenir… À la fin, on tombe toujours d'accord sur un prix, on se serre la main, on boit du vin de palme et les tam-tams annoncent la bonne nouvelle au village.

Dans la région de l'Ouzinza, nous avons joué à ce petit jeu avec Lumérési, l'un des principaux roitelets du coin, puis avec Pongo, un chef de district très coriace en affaires, puis avec N'yaruwamba, le chef du district suivant, qui revenait toujours sur ce qu'il avait accepté plus tôt — ça, c'est malhonnête.

Malgré ces longs arrêts, nous avançons et approchons de la frontière avec l'Ousui. Là-bas, tout sera plus facile. Les quatre messagers de Suwarora nous ont dit que le prince ne nous ferait rien payer : il veut juste nous voir.

• • •

— Dis à ton *bwana* qu'il doit nous payer !

— Mais votre prince a dit qu'il ne demanderait rien !

— Lui non, mais nous, nous devons être payés pour notre mission.

Nous venons juste d'entrer dans l'Ousui, et les messagers s'y mettent à leur tour.

— Jamais ! s'énerve Speke. Je les paierai quand ils nous auront conduits chez Suwarora. Pas avant !

Les messagers menacent :

— Nous voulons un bracelet de perles par personne, et tout de suite ! Sinon, nous vous faisons retenir ici pendant un mois…

Devant un tel chantage, Speke ne peut que payer.

Nous reprenons notre route, traversons une vaste forêt dans laquelle nous faisons de longs détours, puis débouchons dans des champs. Seules les collines, rondes et couvertes de broussailles, ne sont pas cultivées. Au cœur de plantations de bananiers se cachent des villages faits de huttes en herbe.

— Je veux un *hongo*! exige le chef du district.

Ce chef est aussi un sorcier : il porte sur le front un bout de coquillage et une petite corne de brebis sur la tempe. Il exerce sa magie au pied d'un arbre où est accrochée une corne de buffle remplie de poudre sacrée. Un sabot de zèbre, suspendu à une ficelle, pend au-dessus d'un vase d'eau enfoncé dans le sol.

— Drôle d'endroit pour de la magie ! ironise Speke.

— Eh bien, vous, l'interpelle le chef sorcier, puisque vous êtes capable d'une plus grande magie, faites donc jaillir une source d'eau du sol !

Le sahib réfléchit et me fait répondre :

— Je le ferai, mais avant, montrez-moi l'exemple !

Le sorcier en a la parole si bien coupée que, pour ne pas perdre la face, il nous laisse passer sans payer. Nous escaladons une montagne assez haute et, au sommet, tombons sur des officiers de l'armée de Suwarora, qui — c'est original — exigent un droit de passage. Normalement, le *kaquenzingiriri* devrait nous permettre de continuer sans payer, mais les officiers ne veulent rien entendre. Speke, plus irrité que jamais, paie en promettant de se plaindre auprès du prince.

Nous redescendons la montagne, traversons une vallée boueuse, puis escaladons une seconde montagne. De l'autre côté, au fond d'une seconde vallée, un gros bourg est formé de larges huttes bien séparées. Au centre, entourée d'une triple haie de buissons épineux, une hutte trois fois plus grande que les autres : le palais de Suwarora.

On nous dit de nous installer un peu à l'écart, près des habitations des serviteurs, en attendant d'être reçus par le prince.

Dans la soirée, un messager d'Ouganda nous rend visite. Il est venu ici pour demander, au nom de son roi, la main de la fille de Suwarora, renommée pour sa merveilleuse beauté. Mais la malheureuse vient de mourir, et le prince, par crainte du roi Mtésa, cherche à la remplacer par un lot de fils de cuivre.

— Ma main à couper, râle Speke, que les promesses de Suwarora ne tiennent plus. Nous allons payer notre part de fil…

Le lendemain, en effet, les négociateurs du prince viennent nous voir. Après quinze jours de discussions, le *hongo* s'élève à cinquante paquets de fils de laiton, vingt pièces de beau tissu, cent cordelettes et quatre mille *kutuamnasi*, qui sont des perles de verre transparentes. Plus trente-quatre paquets de fils de laiton et six pièces d'étoffe supplémentaires, pour les enfants du prince.

— Vous pouvez poursuivre votre chemin, annonce l'un des négociateurs. Une escorte vous accompagnera jusqu'à la frontière du Karagué.

— Mais… nous n'avons pas vu le prince?!

— Il vous recevra peut-être une prochaine fois.

Le lendemain, nous levons le camp et repartons vers le nord, passons l'autre montagne qui domine la vallée, puis pénétrons dans une forêt belle et touffue. Des palmiers gracieux, des jardins de bananiers, des chardons sauvages en font un endroit merveilleux. Une rivière à l'eau transparente coule vers l'est, vers le lac Nyanza.

Soudain, un oiseau khongota coupe le sentier. Nasib, notre vieux guide, s'exclame en arabe:

— Ça, c'est signe de voyage heureux!

Je traduis en hindoustani, mais Speke ne réagit pas. Perdu dans ses soucis, il se mord nerveusement la lèvre du bas. Il est vrai que notre situation n'est pas glorieuse. Je commence moi-même à m'en inquiéter fortement: au rythme où filent nos marchandises, nous en aurons juste assez pour traverser le pays du Karagué et peut-être l'Ouganda.

Mais ensuite, que deviendrons-nous?

CHAPITRE QUATRE

Un accueil digne d'un roi – Drôles de coutumes –
Une chasse au rhinocéros –
Je vous l'avais dit que c'était bon signe !

Comme piqué par une mouche, le vieux Nasib lève les bras au ciel et se met à courir droit devant lui. Plus loin sur le sentier, un homme lève lui aussi les bras au ciel. Tous les deux se rejoignent, s'embrassent, se tapent dans le dos. Puis ils reviennent lentement, en discutant.

— C'est mon ami Kachuchu ! s'exclame Nasib. Je l'ai rencontré ici lors d'un précédent voyage.

Je traduis pour Speke et Grant.

— Je vous l'avais bien dit, hier, que l'oiseau khongota était signe de voyage heureux, poursuit-il. Kachuchu nous est envoyé par Rumanika, le roi du Karagué. Tout se sait très vite, par ici ! Le roi veut accueillir les deux hommes blancs dans son palais. Kachuchu dit que vous n'aurez aucune taxe à payer. Dans les villages, les chefs vous donneront même toute la nourriture dont vous aurez besoin et c'est le roi qui paiera.

Speke esquisse un sourire timide : les fausses promesses de Suwarora lui traînent sans doute encore dans la tête. « Celui qui a été mordu par un serpent se méfie d'une chenille. »

La caravane repart, guidée par Kachuchu. Sur les quatre-vingts personnes qu'elle compte encore, nous ne sommes plus très nombreux à venir de Zanzibar. Il y a Speke et Grant, une vingtaine de soldats baloutchis, Mabrouki et son tam-tam, Baraka, moi, et c'est à peu près tout. Le vieux Nasib, lui, nous suit seulement depuis Kazeh. Quant aux porteurs, ils nous accompagnent pendant quelques jours, puis rentrent chez eux, et nous en louons d'autres.

Le Karagué est un beau pays. Sur notre gauche s'élèvent des sommets assez hauts : les montagnes de la Lune. Des herbes folles en couvrent les pentes. Speke observe avec envie les rhinocéros réfugiés dans les fourrés d'acacias. À droite, des troupeaux de *topis* broutent paisiblement dans les vallons. Ce sont des antilopes grandes et grosses. Le lac Nyanza est beaucoup plus loin sur la droite, trop loin pour qu'on le voie.

Soudain, des cris derrière moi. Des hommes et des femmes courent vers nous et nous dépassent ; un long cortège bruyant. En tête, quatre hommes portent sur leurs épaules un large rouleau en cuir noir. À l'intérieur, je devine la tête d'une femme qui dépasse.

— Elle s'est mariée ce matin, m'explique Kachuchu. Les hommes du village l'ont enroulée dans une peau et courent la déposer sur le lit du marié. C'est la tradition.

Kachuchu penche la tête sur le côté pour mieux voir la mariée.

— Elle est belle ! Elle a dû coûter cher.

— Cher ?

— Un homme qui veut se marier doit donner des vaches et des moutons au père de sa future femme.

— Et si la femme n'est pas heureuse ?

— Elle peut quitter son mari mais doit rembourser les vaches et les moutons.

Au village suivant, nous retrouvons le cortège. Le chef du village, dès qu'il apprend notre arrivée, accourt avec des moutons, des volailles et des patates douces. Il ne demande rien en échange. Speke lui offre tout de même un peu de tissu rouge, que le chef accepte presque en s'excusant. Cet accueil est aussi reposant qu'une bonne sieste.

Nasib avait raison : le roi paie tout à notre place. Je me demande ce que cache cette gentillesse.

• • •

Rumanika, assis par terre les jambes croisées, se tient sous une vaste hutte. De grande taille et de noble allure, il est vêtu d'une simple *choga* noire, qui est un large manteau. Il a pour tout ornement des bas de cérémonie en perles colorées et des manchettes de cuivre joliment ciselées. Son frère Nnanaji est un grand docteur drapé d'une étoffe à carreaux, sur laquelle sont cousus des talismans. À leurs côtés, de longues pipes en terre noire.

— Soyez les bienvenus !

Le roi fait l'effort de parler en swahili. Je le comprends donc parfaitement et traduis à Speke et à Grant.

— Quelle impression avez-vous ressentie à la vue du Karagué et de ses montagnes ? demande fièrement Sa Majesté. Ne sont-elles pas les plus belles du monde ?

Sagement assis derrière le roi, six gamins ont le même visage ovale et les mêmes grands yeux intelligents que lui. Ce sont ses fils. Habillés d'un pagne de cuir, ils ont, noué sous le menton, un petit talisman destiné à leur procurer de bons rêves.

— Et qu'avez-vous pensé de l'Ousui ?

Le roi sourit : visiblement, il sait déjà l'accueil détestable que nous a réservé Suwarora. Speke lui répond que s'il n'y avait pas toutes ces taxes, ce serait mieux pour le commerce.

— Mais vous, poursuit le roi, quelle sorte de commerce faites-vous ?

Speke lui parle du Nil, du lac Nyanza Victoria, de la guerre à Kazeh, de l'Ouganda où nous nous rendons pour y voir la naissance du fleuve.

Le roi est intrigué qu'on vienne de si loin pour une rivière.

— Mais pour connaître votre chemin et savoir où vous êtes, comment faites-vous ?

L'Anglais lui montre une boussole et l'instrument pour mesurer la hauteur du Soleil dans le ciel.

— Mais le Soleil, s'interroge le roi, est-ce le même qui se lève chaque matin, ou bien un nouvel astre naît-il à chaque aurore ?

Speke lui explique que le Soleil est une boule de feu et la Terre une boule de roche qui tourne sur elle-même, et que c'est pour cela qu'il y a les jours et les nuits. Le roi est vraiment très intéressé — moi aussi.

— Et la Terre, quelle taille a-t-elle par rapport au Karagué ?

Le sahib lui raconte les continents et les océans, la taille de chacun, les bateaux qui naviguent sur les mers, si grands que chacun peut transporter plusieurs éléphants.

Dehors, la nuit tombe déjà. Il est temps d'installer le camp.

— Vous me raconterez la suite demain, annonce Sa Majesté. Vous m'avez dit que vous alliez en Ouganda. On ne peut y pénétrer sans y être annoncé. Je vais donc envoyer un messager auprès de mon ami Mtésa, le roi d'Ouganda. Le temps qu'il y aille et qu'il revienne, cela prendra un mois. Nous pourrons continuer à parler de toutes ces choses intéressantes.

• • •

Des canots nous attendent au bord d'un petit lac. Ils sont si courts que seules deux personnes peuvent prendre place à bord, en plus des deux rameurs. Les Anglais vont sur un canot, Baraka-le-lézard-qui-se-croyait-crocodile et moi sur un autre.

Comme je refuse de parler à mon compagnon de pirogue — mauvais perdant, il me cherche des poux chaque fois qu'il le peut, comme l'autre jour lorsqu'il a voulu faire croire aux Anglais que je volais des perles dans les ballots et que j'ai dû sortir les poings pour défendre mon honneur —, comme je refuse de lui parler, donc, j'observe le paysage. Les rameurs se fraient d'abord un chemin à travers une forêt de roseaux, qui nous amène à la pleine eau. La vue est magnifique : un épais gazon recouvre les montagnes entourant le petit lac. Ici et là, des fourrés d'acacias dont la forme rappelle des nuages.

Sur son canot, Speke prend des notes et fait des dessins. C'est lui qui a demandé à visiter les montagnes de la Lune et leurs rivières. Ça lui servira à faire une carte du pays. Pour que tout soit parfaitement organisé, le roi nous a précédés dans la matinée.

Les rameurs remontent le courant d'une petite rivière jusqu'à un deuxième lac, au pied de la montagne Moga-Namirinzi. Un dernier coup de rame, et nous voilà sur une plage. Plusieurs rangées de spectateurs nous acclament avec respect. Speke descend du canot, fier comme un souverain. Au son d'une musique assourdissante, nous remontons vers une grande hutte appelée « palais des frontières ». Rumanika nous y attend pour un repas de bananes cuites et de bière pombé.

Au dessert, alors que le roi et les Anglais fument la pipe, Sa Majesté explique les rivières qui descendent des montagnes de la Lune, raconte comment elles se rejoignent et forment des petits lacs, d'où coule une autre rivière qui file vers le grand lac Nyanza.

— Et plus au nord, questionne Speke, y a-t-il des rivières qui sortent du lac Victoria... Nyanza ?

Rumanika répond qu'effectivement, en Ouganda, plusieurs rivières sortent du lac.

— Vous êtes sûr qu'elles en sortent ? insiste fébrilement l'Anglais. Qu'elles quittent le lac et non qu'elles y rentrent ?

Le roi confirme le sens des rivières. Speke, tout joyeux, se tourne alors vers Grant et lui dit quelques mots dans sa langue. Puis il bondit comme un singe.

— Je vais vous montrer quelque chose !

Il file prendre dans ses affaires un petit récipient et d'autres objets. Il remplit le récipient d'eau et le met sur le feu qui a servi à cuire les bananes.

— Regardez, Majesté, je vais mesurer devant vous l'altitude du palais des frontières. D'abord, je mets le thermomètre dans l'eau et j'attends que ça bouille.

Lorsque les premières bulles apparaissent au fond du récipient, il en retire le thermomètre et lit la température.

— Au niveau de la mer, l'eau bout à cent degrés Celsius. Mais plus on monte, plus la température d'ébullition baisse. Ici, l'eau bout à seulement quatre-vingt-seize degrés.

L'Anglais sort son carnet et le feuillette jusqu'à une page couverte de chiffres.

— D'après mon tableau, lorsque l'eau bout à quatre-vingt-seize degrés, c'est que l'altitude est de mille deux cents mètres au-dessus du niveau de la mer[1].

Je ne sais pas si Sa Majesté a compris quelque chose ; elle n'en montre rien.

— Écrirez-vous cela dans votre carnet ?

— Bien sûr.

— C'est bien, c'est très bien, se félicite le souverain, heureux qu'on se souvienne de lui.

• • •

1. Contrairement aux Français, les Anglo-Saxons n'utilisent ni le mètre ni le degré Celsius comme unités de mesure. Ils préfèrent le pied (1 pied = 30,48 cm) et le degré Fahrenheit. Dans un souci de simplification, nous avons ici eu recours aux unités « françaises ».

Il y a une chose très curieuse au pays du Karagué. À Kazeh, le marchand Musa nous en avait parlé, mais Speke avait du mal à le croire. Il veut vérifier de ses propres yeux.

Nous rendons donc visite à une belle-sœur du roi. Elle est assise au milieu de sa hutte, toute nue, et cela dépasse tout ce que j'ai pu imaginer.

La jeune femme est si grosse qu'elle ne peut se tenir debout. Je n'arrive même pas à reconnaître ses formes : ses plis se mélangent, les seins, le ventre, les cuisses, les bourrelets qui pendent sous les bras. Des pots de lait sont disposés autour d'elle.

Pour montrer qu'elles font partie de la famille royale, les filles du Karagué doivent être énormes. Dès leur plus jeune âge, on les gave donc de lait : leur père, la baguette à la main, les châtie quand elles n'en boivent pas assez.

La belle-sœur du roi n'a que seize ans, mais déjà elle ne peut plus se déplacer qu'à quatre pattes, comme un hippopotame.

Speke lui demande l'autorisation de mesurer son tour de bras, de ventre, de cuisse et de mollet. Fière de ses formes royales, la jeune fille accepte avec plaisir. Sa cuisse est aussi grosse que mon ventre à moi, et encore, après un bon repas.

Lorsque nous la quittons, elle s'empare d'un pot de lait et en lape quelques gorgées pour se refaire une beauté.

• • •

L'homme blanc aussi a de curieuses coutumes.

L'autre jour, comme le messager n'était toujours pas revenu d'Ouganda, Speke m'a demandé de l'accompagner dans la campagne du Karagué, avec un guide du roi. Nous avons marché plusieurs heures et sommes retournés au petit lac. Là, notre guide a longuement scruté les environs, s'est dirigé vers un large taillis d'acacias, puis vers un deuxième taillis un peu plus loin. Il a interrogé le sol à la recherche de traces, s'est approché d'un troisième fourré et nous a fait signe de le rejoindre.

— Par là! ai-je dit à Speke.

L'Anglais a mis son doigt sur sa bouche pour me faire taire. Il a chargé trois fusils, m'en a donné un, un autre au guide et a gardé le dernier.

Le fourré était si épais qu'il était impossible d'y pénétrer, sauf par trois ou quatre passages étroits. Speke s'est plié en deux et est entré dans l'un d'eux, nous faisant signe de le suivre. J'y suis allé à reculons: je savais ce qui nous attendait à l'intérieur et ça ne m'attirait pas du tout.

Il faisait très chaud et la sueur me coulait dans les yeux.

De chaque côté du passage, il y avait un mur d'épines.

Soudain, devant nous, un bruit sourd s'est fait entendre, un halètement.

Speke s'est arrêté et le temps aussi. J'aurais voulu être ailleurs, n'importe où mais pas ici.

L'animal est alors apparu, large comme le passage. Une femelle immense, plus haute qu'un homme, avec deux longues cornes sur le nez. Elle a grogné, tapé du pied. Nous étions trop près d'elle : elle allait charger. Speke a épaulé son fusil. Soudain, l'animal a foncé sur nous. Speke a tiré. Touché au front, l'animal a poursuivi sa course en déviant légèrement sur la droite. Dans un réflexe, l'Anglais a plongé sur la gauche dans les acacias. Derrière, le guide et moi l'avons imité. Les épines me déchiraient le visage, mais je ne les sentais même pas : j'avais tellement peur que je ne pensais qu'à l'animal qui m'avait frôlé en passant. Derrière lui, aussi terrifié que moi, un petit le suivait.

— Venez ! a ordonné Speke.

Nous sommes sortis du fourré. La femelle blessée et son petit s'enfuyaient dans la rase campagne, à la recherche d'un autre taillis où se réfugier. L'Anglais leur courait après. Je me demande pourquoi il chasse des rhinocéros : leur viande n'est même pas bonne. Je crois qu'il aime se faire peur. Je reconnais qu'il faut du courage pour affronter de tels monstres, mais à quoi sert ce courage ?

Speke a blessé une deuxième fois l'animal, qui a grimpé avec son petit vers les montagnes, jusqu'à un taillis aussi épais que le premier et qui fermait l'entrée d'un étroit vallon. Trois autres rhinocéros étaient là. Dès qu'ils nous ont flairés, ils ont chargé de front.

Speke a tiré sur l'un d'eux, qui s'est écroulé quelques pas plus loin. Il s'est emparé de mon fusil et a tiré sur le deuxième rhinocéros, mais l'a raté. Nous nous sommes jetés à terre pour l'éviter. L'Anglais a pris le fusil du guide et tiré encore. Mais les deux bêtes étaient désormais trop loin, dévalant la pente sans pouvoir s'arrêter.

La femelle blessée et son petit avaient disparu.

Le sahib s'est approché du rhinocéros mort. Très satisfait, il l'a observé et mesuré. Il m'a expliqué que, dans son pays, sa maison était remplie d'animaux morts dans lesquels il avait remplacé la viande par de la paille. Il est très fier de cela. Je ne comprends pas à quoi ça sert.

— Dommage que je ne puisse pas ramener celui-ci chez moi, a-t-il regretté. On va lui couper la tête et l'offrir à Rumanika.

Les hommes blancs ont de curieuses coutumes.

• • •

Souvent, le roi et l'Anglais se rencontrent et discutent. Ils parlent de leurs deux pays, de l'histoire, des traditions.

Je traduis.

— Mais vous, Majesté, comment êtes-vous devenu roi ?

— À la mort de mon père Dagara, son cadavre a été cousu dans une peau de vache. Trois jours plus tard, trois des vers qu'il avait engendrés ont été retirés et placés dans le palais. Là, l'un d'eux s'est transformé en lion, un autre en léopard et le troisième en bâton. Tout cela parce qu'il avait été le roi. On a ensuite conduit son corps sur la montagne Moga-Namirinzi, et mon peuple a construit une hutte tout autour. Puis est venu le moment de connaître son successeur. Mon père avait trois fils légitimes : Nnanaji, Rogéro et moi. Un sorcier a apporté un petit tam-tam léger comme une plume. Mais une fois chargé de talismans, ce tam-tam est devenu si lourd qu'aucun homme ne pouvait plus le soulever. Aucun, sauf celui que les esprits reconnaîtraient comme l'héritier du trône. J'ai été le seul à réussir l'épreuve. Mon frère Rogéro s'est alors rebellé et a pris la fuite. Mon frère Nnanaji, lui, m'a accepté comme roi.

Speke écoute avec beaucoup d'attention. Je sais qu'il ne croit pas aux esprits, aux sorciers, aux talismans, à la magie, à toutes ces choses. Pour ne pas blesser le roi, il n'en dit rien. Mais lorsque son regard croise le mien, je sens qu'il me pose en silence cette question : « Le roi croit-il vraiment à tout ça ? »

Plus tard, les deux hommes discutent de la Lune. Sa Majesté veut savoir si c'est pour se moquer des hommes qu'elle change tous les jours de visage. L'Anglais lui explique que non, que la Lune est juste un gros caillou qui tourne autour de la Terre.

— Mais comment sont nés la Terre, la Lune et le Soleil ?

— Dieu les a créés il y a bien longtemps, répond Speke. Au commencement, il n'y avait rien. Dieu a alors fait les cieux et la Terre, puis le Soleil et l'eau, les arbres et les animaux, et enfin l'homme et la femme. Il a tout créé en six jours et, le septième, Il s'est reposé. Bien plus tard, Il nous a envoyé son fils Jésus-Christ, pour que quiconque croit en lui ait la vie éternelle. Jésus-Christ est notre sauveur. Je vous en parlerai plus longuement dans les jours qui viennent. Le Christ a fait de grandes choses et produit de nombreux miracles, comme par exemple multiplier les poissons. Après sa mort, il est même ressuscité d'entre les morts.

Le roi écoute poliment et, comme je finis de traduire, me jette un regard étrange. Un regard qui signifie : « Toi qui connais bien l'homme blanc, croit-il à tout ce qu'il raconte ? »

• • •

Un mois et demi après notre arrivée chez Rumanika, le tambour de l'Ouganda s'est fait entendre. Maula, un messager du roi Mtésa, est arrivé avec une grande escorte d'hommes, de femmes et d'enfants. Suivant les coutumes de leur pays, ils avaient des chiens en laisse et soufflaient dans des flûtes en roseau.

— Sa Majesté Mtésa, a proclamé Maula, a été informé de votre désir de le rencontrer. Et comme de son côté le roi est fort curieux d'offrir l'hospitalité à des hommes blancs, il vous demande d'aller le trouver sans retard. Mes officiers vous fourniront gratuitement, une fois en Ouganda, tout ce dont vous aurez besoin.

Speke, satisfait, est allé faire ses adieux à Rumanika. Tous deux étaient très émus. C'est étonnant de voir un Blanc venu de si loin et un Noir qui a grandi au cœur de l'Afrique s'entendre si bien, malgré leurs différences.

— Majesté, j'aurais juste une dernière faveur à vous demander.

— Bien sûr, laquelle ?

— Le capitaine Grant a une jambe malade. Il boite trop pour entreprendre une longue marche. Peut-il rester ici jusqu'à la guérison ? Il me rejoindra ensuite.

— Je veillerai personnellement sur lui.

Un an et trois mois après le départ de Zanzibar, notre horizon s'éclaircit enfin pour de bon. En dehors des cadeaux offerts au bon roi Rumanika, nous n'avons pas puisé dans nos provisions. En Ouganda, ce sera pareil. Et comme une bonne nouvelle n'arrive jamais seule, Speke va me débarrasser de Baraka : il a décidé de l'envoyer en éclaireur vers le nord, chez le roi Kamrasi, chez qui nous passerons bien plus tard, lorsque nous aurons trouvé le Nil.

Le Nil, dont nous n'avons jamais été aussi proches.

CHAPITRE CINQ

Mtésa le sanguinaire – Un chaton devenu lion – Prisonniers sans prison

Mtésa.

Ce nom résonne sur l'Ouganda, plus terrifiant que le rugissement du lion. Et chaque pas que nous faisons vers le cœur de son royaume nous le montre un peu plus.

Dans les villages, les habitants s'enfuient au son de nos tambours. Ils savent que nous sommes les hôtes du roi et que, s'ils levaient les yeux sur nous, ils risqueraient une punition exemplaire. Les officiers qui nous accompagnent en profitent pour voler tout ce qu'ils trouvent : chèvres, poulets, bananes, grains, bière. Comme ils sont les « enfants » de Mtésa, ils ne risquent rien.

Mtésa !

Ce nom finit par me faire froid dans le dos.

— Les habitants de l'Ouganda sont un peuple turbulent que seule la crainte du bourreau tient en respect, affirme Maula, le messager venu nous chercher. Dès que le roi saura que vous avez pénétré sur son territoire, il fera certainement couper la tête à certains de ses sujets pour inspirer aux autres une saine terreur. Je dois d'ailleurs le prévenir de votre arrivée. Attendez-moi ici !

Speke ne croit pas à tout ça. Il dit que ce sont des exagérations pour nous faire peur et veut poursuivre la route sans Maula.

Moi, je sais que tout est vrai. Je ne connais pas Mtésa, mais je sens d'instinct que nous devons le craindre. Depuis mon enfance, depuis que j'ai été capturé et fait esclave, je sais toujours quand je dois avoir peur. Je sens les dangers avant qu'ils n'arrivent et j'ai appris à les fuir. Ça m'a évité bien des ennuis dans la vie.

Là, je sais qu'un énorme danger se dresse devant nous.

Mais Speke n'en croit rien et, après plusieurs jours d'attente, il m'ordonne de lever le camp. Partir sans Maula ? Mais c'est impossible, nous devons attendre le messager ! Mtésa se fâcherait si nous poursuivions seuls.

— Voyons, sahib, nous devons attendre encore un peu. Qui nous montrera le chemin ?

— Ça, c'est mon problème. Contente-toi de plier la tente !

Ce n'est pas bon, ça, pas bon du tout ! Speke ne voit peut-être pas le danger, mais moi, je sais qu'il est là. Je le sens tellement fort que j'en ai les poils des jambes qui se dressent. Nous ne pouvons pas partir. Je refuse de me jeter dans la gueule de Mtésa.

Me voyant immobile, Speke hausse le ton et, avec quelques hommes, commence à démonter lui-même la tente. Elle s'écroule sur les marchandises qui sont à l'intérieur.

Là, une autre peur m'envahit, plus forte encore que la première. Je m'écrie en swahili à ceux qui ont aidé Speke :

— Mais vous êtes fous ? Arrêtez ! Il y a un feu là-dessous ! Et juste à côté, des caisses de poudre… Vous voulez tout faire exploser ? Réfléchissez avant d'obéir bêtement !

Je crie, je hurle… La peur de voir tout sauter !

— Tais-toi ! explose Speke en hindoustani. Tù n'as rien à leur dire. Ils valent mieux que toi, car eux, ils m'obéissent !…

— Mais il y a de la poudre sous la tente, ça risque de sauter !

— Et si ça me plaît, à moi, de faire sauter ce qui m'appartient, c'est mon droit ! Tu n'as rien à redire… Et si tu persistes à désobéir, je te ferai sauter avec !

Moi, je voulais juste sauver le matériel et l'expédition, et voilà que ça se retourne contre moi. Je suis couvert d'insultes. Ah ! cette fichue manie de refuser les conseils. Si je ne me retenais pas… si je ne me retenais pas… je lui…

Un coup de poing sur le visage.

Je tombe à terre et me relève en fixant l'homme blanc droit dans les yeux.

Un deuxième coup de poing.

Je me redresse, écumant de rage.

Un troisième coup de poing.

Le nez plein de sang, je m'en vais, humilié.

— Puisque c'est comme ça, je ne suis plus à votre service.

Je marche, fou de colère, je marche au loin, bientôt rejoint par Nasib. Notre vieux guide arabe essaie de me faire revenir sur ma décision, mais je n'en ferai rien. Plutôt mourir ! Il insiste, me rappelle tout le chemin parcouru, le but si proche, le fait que si j'abandonne maintenant, je me retrouverai seul au cœur de l'Afrique. Il m'explique que ce qui est arrivé n'est pas dû à Speke ni à moi, mais à la tension apparue dans la caravane depuis que nous sommes entrés en Ouganda, à cette ombre qui plane sur nous.

Mtésa !

— Veux-tu donner raison au roi ? me demande Nasib. Il cherche à nous diviser par la terreur. Et grâce à toi, il est en train d'y parvenir ! Nous devons rester groupés. Souviens-toi, un seul doigt ne peut attraper une datte !

Nasib est un sage, et je me laisse convaincre de rejoindre la caravane.

Le lendemain, Maula réapparaît enfin :

— Le roi vous attend. Il a éprouvé un tel désir de voir des hommes blancs qu'à l'annonce de votre arrivée, il a fait exécuter cinquante notables et quatre cents individus de basse condition.

Moi, l'idée de le voir me met des cailloux dans le ventre.

• • •

Une boîte en fer-blanc, quatre belles écharpes de soie, un fusil, un chronomètre en or, un pistolet, trois carabines, trois sabres, une caisse de poudre, une caisse de balles, une caisse de cartouches, une lunette, un siège en fer, dix paquets des plus belles verroteries, des couteaux, des fourchettes et des cuillères : chacun des cadeaux, vérifié personnellement par Speke, a été emballé dans un morceau de tissu.

Le drapeau anglais ouvre la marche, suivi par le sahib et par douze de nos soldats baloutchis vêtus d'un manteau de flanelle rouge, la baïonnette au bout du fusil. Le reste de la caravane, dont je fais partie, les suit. Dans nos bras, le *hongo* royal.

Nous remontons une grande route bordée de spectateurs qui se prennent la tête dans les mains et crient : *Irungi ! Irungi !* « Bravo ! Bravo ! » Cela me rassure un peu.

Nous pénétrons ensuite dans une cour où se trouvent de grandes huttes. Le toit est couvert d'un gazon parfaitement coupé. Devant, des dizaines de jeunes femmes, quelques-unes des trois cents épouses du roi.

Dans une deuxième cour, des officiers en habit de fête viennent saluer l'Anglais. De jeunes pages, un turban de corde autour de la tête, passent en courant comme si leur vie dépendait de la vitesse avec laquelle ils délivrent leurs messages.

La troisième cour doit être celle des réceptions : on y entend des musiciens jouer de la harpe. Derrière cette palissade se trouve le terrible Mtésa. Speke veut y aller, mais le maître de cérémonie, revêtu de fines peaux d'antilope cousues avec soin, s'y oppose. Il nous demande de nous asseoir par terre. Un peu plus loin, des marchands arabes attendent eux aussi d'être reçus.

— Jamais de la vie, jamais je n'accepterai ! Je ne suis pas un simple marchand ! Bombay, traduis ça !

Mais que lui arrive-t-il ?

— Dis-leur que je suis un prince et que je veux être reçu comme tel !

Quelle mouche l'a piqué ? Speke a-t-il perdu la tête ? Il va s'attirer les foudres de Mtésa ! Veut-il nous faire tous tuer ?! J'hésite un instant à traduire ces folies, mais, soudain, mon nez se souvient de la force de son poing, et j'obéis. Comme je ne parle pas la langue du pays, je traduis en arabe à Nasib, qui traduit en ougandais au maître de cérémonie. Celui-ci, qui n'a jamais entendu personne s'emporter de la sorte, ne réagit pas. Speke s'énerve encore plus :

— Bombay, pose les cadeaux par terre ! On s'en va !

Il part pour de vrai. Le maître de cérémonie, soudain très inquiet, appelle des pages, qui filent au galop. Panique à la cour ! Je poursuis Speke, moi-même poursuivi par le vieux Nasib, puis par le maître de cérémonie dont les fines peaux d'antilope volent dans tous les sens.

— Revenez, revenez ! Pfff... Pfff... Tout va s'arranger ! Pfff... Le roi va vous recevoir en premier.

Speke s'arrête et, après un instant de réflexion, accepte. Soulagé par ce dénouement, j'accompagne l'Anglais vers la deuxième cour, puis nous entrons dans la troisième.

Le roi est là, assis sur une estrade rouge. Grand et musclé, il est plus jeune que je ne l'imaginais, pas plus de vingt-cinq ans. Il est vêtu d'une toge arrangée avec soin. Ses cheveux sont très courts, sauf au sommet de sa tête où se dresse une petite crête. Il a d'élégants colliers autour du cou, des poignets et des chevilles, et des bagues à chaque doigt de pied et de main. Derrière lui, un chien blanc, une lance, un bouclier et une femme. À droite, des vaches et des chèvres reçues plus tôt dans la matinée.

Le maître de cérémonie invite Speke à s'approcher du roi.

L'Anglais avance, droit comme un prince.

Silence.

Ni l'un ni l'autre ne parle.

Ils se regardent pendant un temps infini.

Puis le maître de cérémonie demande à Speke :

— Avez-vous bien vu Sa Majesté ?

Alors seulement commence le déballage du *hongo*. Le roi paraît satisfait. Il n'a finalement pas l'air si terrible que ça : il ressemble à un enfant qui ouvre ses cadeaux, les tourne et retourne dans tous les sens. Speke avait raison : les crimes de Mtésa ont été exagérés pour nous faire peur. J'ai été bien bête d'y croire.

Le roi inspecte le pistolet avec minutie.

— Pourriez-vous l'utiliser pour tuer ces quatre vaches aussi vite que possible ? demande-t-il en désignant le bétail sur ma droite.

Speke saisit le revolver et abat les quatre pauvres bêtes. La foule applaudit bruyamment. Le roi sourit, charge une carabine et la tend à un page.

— Va tuer un homme dans l'autre cour !

Le gamin part.

Une détonation retentit.

Le gamin revient avec un grand sourire plein de malice, comme s'il avait déniché un petit oiseau ou joué un vilain tour.

— Comment ça s'est passé ? demande Mtésa.

— Très bien, se réjouit l'enfant.

A-t-il vraiment tué un homme ? Il ne mentirait certainement pas à son roi. Il a dû le faire. Ça me glace le sang. Et personne dans l'assistance ne réagit. Personne ne cherche à savoir qui a payé de sa vie le caprice royal. Un courtisan ? Un esclave ? Sans doute un esclave…

Mais tout ça leur semble si normal.

Je jette un œil à Speke : sous son allure princière, je vois bien qu'il serre les dents.

• • •

Mtésa se prend pour un lion.

Lorsqu'il marche, il lance les jambes loin à gauche et à droite et dandine, un peu comme un canard. Ses courtisans disent que c'est la démarche majestueuse du lion, son premier ancêtre.

Cette démarche serait drôle, si on avait le droit d'en rire.

Mais au royaume de Mtésa, on a peu de droits. Par exemple, seul le roi peut se reposer sur un siège. Ses sujets n'ont pas le droit de s'asseoir, pas même sur une botte de foin. Ils ne peuvent que s'accroupir par terre, dans la poussière.

Mtésa se prend pour un lion, mais il n'en est pas un : un lion tue par nécessité, alors que lui tue pour le plaisir. J'ai parfois l'impression que si nous bougeons sans sa permission, si nous respirons trop fort, il n'hésitera pas à nous supprimer.

Pour la première fois depuis longtemps, je sens une vieille peur remonter en moi, une angoisse d'ancien esclave : je suis une proie. À tout instant, ma vie peut s'arrêter.

Nous sommes si près de la rivière qui part vers le nord — avant d'arriver au palais, plusieurs personnes nous ont confirmé qu'un gros cours d'eau sortait du lac un peu plus loin —, mais cela ne m'intéresse plus.

Moi, tout ce que je veux, c'est repartir d'ici vivant.

• • •

À la demande de Mtésa, Speke, le vieux Nasib et moi rendons visite à sa mère, qui est très malade. Son palais se trouve au bout d'un long chemin. Chaque pas qui m'éloigne du roi est plus doux que le précédent.

Des gardes munis de grosses cloches d'alarme surveillent les entrées du palais. Ils nous font patienter dans une première hutte, puis nous conduisent dans une seconde. La reine mère est au centre, assise par terre sur un tapis, le coude posé sur un coussin. Une dizaine d'esclaves s'active autour d'elle, lui servant à boire et l'éventant, telles des fourmis autour de leur reine.

D'un geste, elle les renvoie.

Elle saisit une pipe, en aspire la fumée, puis prend trois bâtonnets de bois.

— Vous aurez à me guérir de trois maladies différentes. Ce bâton représente mon estomac, dont je souffre beaucoup. Celui-ci, mon foie, qui m'envoie de fortes douleurs dans tout le corps. Et le troisième est mon cœur, à qui je dois chaque nuit de mauvais rêves à propos de mon défunt mari.

Speke dépose à terre sa pharmacie portative ainsi que les cadeaux qu'il a apportés : huit bracelets de bronze, un sac de trente grosses perles bleues et des tissus.

— Concernant les rêves, Majesté, c'est très fréquent chez les veuves. Ils se dissiperont lorsque vous vous résignerez à prendre un nouveau mari. Quant aux autres douleurs, je ne peux rien vous prescrire sans vous avoir auscultée…

Je traduis en arabe à Nasib, qui traduit en ougandais à la reine.

— Impossible ! s'inquiète un conseiller. Il faut l'autorisation du roi pour cela.

— Mais non ! rétorque la reine mère. Je n'ai pas à consulter ce jouvenceau : c'est quand même moi qui l'ai fait, le roi !…

Je la regarde, éberlué : la mère du lion est une lionne. Speke l'examine, puis sort une boîte de pilules de sa pharmacie. Il les fait goûter au conseiller, pour prouver qu'elles ne renferment aucun sortilège de docteur blanc.

— Avalez ceci et, jusqu'à ma prochaine visite, ne buvez plus de bière et ne mangez rien.

La reine mère prend les pilules et sort péniblement de la hutte. Quelques instants après, elle y revient toute fraîche, vêtue d'un magnifique *déolé* qu'elle étale à notre admiration.

— Et maintenant, montrez-moi les cadeaux que vous m'avez apportés !

• • •

Chaque jour, Mtésa nous montre un peu plus qu'il est fou.

Chaque jour, ou presque, une femme de son harem passe, une corde nouée aux poignets, traînée par un garde.

— *Hai, minangé ! mkama ! hai n'yawio !* crie-t-elle les yeux pleins de larmes. Ô mon seigneur ! mon roi ! Ô ma mère !

Dans la rue, personne ne réagit. Chacun sait pourtant que, dans quelques instants, la jeune fille sera exécutée. Personne ne sait ce qu'elle a fait pour mériter cela.

Sans doute rien.

L'autre jour, le tyran a organisé une excursion sur le lac Nyanza. Après avoir chassé l'hippopotame, nous sommes allés sur une île pour le déjeuner. Le cortège a ensuite traversé une sorte de verger lorsqu'une femme du roi, d'ailleurs très jolie, a eu la malheureuse idée de lui offrir un fruit qu'elle venait de cueillir.

Comme pris de folie, il est entré dans une violente colère.

— Jamais aucune femme ne s'est permis de m'offrir quoi que ce soit ! Saisissez-vous d'elle et tuez-la !

Aussitôt, telle une meute de chiens affamés, les pages se sont précipités sur la pauvre femme qui leur était donnée en pâture. Celle-ci, indignée, a tenté de les repousser, adressant ses sincères regrets au roi. Mais les pages l'ont saisie et renversée.

— Par pitié, Mzungu ! a-t-elle imploré Speke. Aidez-moi !

Le temps que Nasib me traduise et que je traduise en hindoustani, Lubuga, la sultane préférée, s'était jetée aux pieds du roi. Mais celui-ci, excité par toute cette soumission, devenait encore plus brutal. Il a saisi une massue pour l'écraser sur la tête de la malheureuse.

— Non, arrêtez !

Speke s'est élancé et a arrêté le bras du roi. Jamais auparavant il n'était intervenu, mais là, la cruauté de Mtésa juste sous nos yeux dépassait ce qu'il pouvait supporter. J'ai longuement retenu mon souffle, tout tremblant à l'intérieur : le geste courageux de l'Anglais risquait de lui coûter la vie. Et la mienne avec.

Les courtisans et les esclaves présents se sont faits tout petits, par crainte de la réaction du tyran.

Mais, après un instant d'étonnement, le capricieux monarque, justement parce qu'il était capricieux, s'est amusé de la témérité de l'homme blanc et a fait relâcher la malheureuse.

Les courtisans ont félicité le roi pour sa générosité.

J'ai respiré à nouveau.

• • •

Depuis, tous les deux jours, Speke est invité au palais. Je l'accompagne en tant qu'interprète, mais je déteste ces rencontres. Les caprices de Mtésa me terrorisent. Pendant de longs moments, il joue avec nos boussoles, nos crayons de couleur, nos carnets, nos télescopes, comme le ferait un enfant... Mais je sais qu'à tout instant il peut saisir un fusil et demander à Speke de me tuer. Que ferait l'Anglais s'il devait choisir entre ma vie et la sienne ? Je préfère ne pas y penser...

— Ce serait signe de grande amitié, demande Mtésa, si vous m'offriez une de vos boussoles !

Speke, pour montrer qu'il n'est pas son serviteur, refuse poliment.

— Ce serait avec plaisir, Majesté, mais j'en aurai besoin pour la suite de l'expédition. À ce propos, j'aimerais faire une expédition vers l'est du lac, pour voir la grande rivière qui en sort. Peut-être pourriez-vous me prêter un guide ?

Mais le roi, pour montrer qu'il est celui qui décide, change à son tour de sujet.

— Ce fusil pourrait-il tuer un crocodile ?

J'en frémis : le « crocodile », *Mamba*, est mon deuxième surnom, parce que j'ai les dents pointues et que je suis très laid. Mais le roi ne le sait certainement pas ; c'est juste un malheureux hasard.

• • •

Si je m'en sors, si nous nous en sortons vivants, ce sera grâce au sahib Speke.

Je l'ai beaucoup critiqué depuis le début du deuxième voyage, je l'ai fréquemment comparé à Burton et j'ai souvent douté de ses capacités, mais je dois reconnaître que j'avais tort.

Depuis notre arrivée, il y a deux mois, Speke se fait passer pour un prince : il exige d'être nourri comme tel, hébergé dans une hutte confortable près du palais. Il a même obtenu l'autorisation de s'asseoir sur son siège en fer.

Au début, je pensais que c'était une nouvelle erreur, mais c'est moi qui étais dans l'erreur. En agissant ainsi, Speke montre à Mtésa qu'il est un lion lui aussi, pas une gazelle comme les marchands arabes ou comme moi-même : un lion qui se défendra si on l'attaque. Du coup, le tyran hésite à s'en prendre à nous.

L'Anglais n'a d'ailleurs pas à se forcer pour passer pour un lion : il est en train d'en devenir un. Il y a cinq ans, lors de notre première rencontre, il n'était qu'un chaton inexpérimenté face au sahib Burton. Il donnait des petits coups de patte, mais il respectait son aîné. Depuis, il a grandi et, aujourd'hui, il est lui aussi un roi à sa manière. Lorsque l'un de nous dans la caravane sort ses griffes, il le remet en place sans ménagement.

Mon pauvre nez s'en souvient encore.

• • •

Partir. Partir d'ici au plus vite.

Depuis trois jours, nous ne pensons plus à rien d'autre.

Il y a trois jours, quatre mois après notre arrivée, des coups de feu ont retenti près du palais. Après un moment d'inquiétude, nous avons vu arriver une caravane avec à sa tête un homme blanc. Le capitaine

Grant! Il boitait un peu, paraissait très fatigué par le voyage, mais il était là, bien vivant.

Bienvenue au pays du roi fou, capitaine!

Immédiatement, le sahib Speke est allé annoncer notre prochain départ à Mtésa. Il voulait obtenir son autorisation: sans elle, nous ne pourrions faire un pas sans être arrêtés. Le roi, après avoir posé plusieurs questions montrant qu'il avait bien compris ce que nous attendions, a répondu ceci:

— Je désirerais beaucoup posséder le dessin en couleur d'une pintade. Pourriez-vous m'en faire un?

Il a regardé Speke avec un petit sourire en coin. « Vous êtes fort, mon ami, a-t-il semblé dire, mais des deux lions je suis le plus fort. Vous êtes mon prisonnier. »

• • •

S'enfuir d'ici.

Je ne sais pas comment le sahib fait pour garder son calme. Il m'a dit qu'il avait encore une carte dans sa manche: la seule personne du pays qui n'ait pas peur du tyran.

Assise par terre, berçant dans ses bras une poupée en fibres de coco, la reine mère nous reçoit après nous avoir fait patienter. Ses esclaves déposent devant elle des bananes et des calebasses de bière.

— Ces présents sont pour vous, lance-t-elle au capitaine Grant. C'est un cadeau de bienvenue…

Nasib me traduit en arabe, et je traduis en hindoustani.

— C'est très gentil à…

— Laisse, James, l'interrompt Speke, je vais répondre.

Grant, obéissant, se tait.

— C'est très gentil à vous, mais il ne fallait pas· le capitaine fait partie de ma caravane. Il ne voyage pas à son propre compte. Vous n'étiez pas obligée de lui faire un cadeau…

La reine mère marque le coup : sa ruse n'a pas marché. Elle voulait faire passer Grant pour un nouveau visiteur et obtenir ainsi un nouveau cadeau en retour. Mais Speke l'a bien compris.

— Toutefois, si vous désirez toutes ces belles choses qui viennent de mon pays, insiste-t-il, vous pouvez les obtenir. Aidez-nous à trouver la grande rivière qui sort du lac ! Ensuite, nous ferons remonter des bateaux chargés de cadeaux jusqu'en Ouganda.

L'œil de la reine mère s'illumine d'une lueur dont personne ne la croyait capable.

— Oui… bien sûr… des bateaux jusqu'au lac… J'en parlerai demain à mon fils…

Des deux lions, Mtésa est peut-être le plus fort, mais Speke est certainement le plus rusé.

• • •

Un autre mois s'est écoulé, durant lequel le sahib s'est résolu à offrir au tyran une carabine, des munitions et la boussole tant de fois demandée.

Puis, hier matin, le roi nous a convoqués.

— Vous voulez ouvrir une voie de commerce par le nord, n'est-ce pas ? C'est une excellente idée ! J'ai demandé à Budja, l'un de mes officiers, de vous guider vers la grande rivière…

Nous n'en avons pas cru nos oreilles : nous étions libres ? Pourquoi le roi se réveillait-il soudain, alors que nous lui demandions la même chose depuis cinq mois ? Mais pas de temps à perdre avec ce genre de questions : il fallait partir au plus vite, avant que le capricieux monarque ne change d'avis.

Ce matin, à l'aube, pour faire bonne impression, le sahib Speke a mis autour du cou le collier offert par la reine mère, puis il a fait ses adieux au tyran. Depuis, nous marchons vers l'est, vers la grosse rivière qui, très près d'ici, sort du lac.

Dans tous les villages que nous traversons, les villageois s'enfuient au son de nos tambours : ils savent que nous sommes les hôtes de roi. Les officiers de Mtésa en profitent pour s'emparer des récoltes, des vaches, des chèvres, des peaux, des tambours, des lances, du tabac, de la bière, de tout ce qui leur tombe sous la main.

Sans le vouloir, nous semons derrière nous tristesse et misère.

Mtésa, mauvais roi, je te hais et je suis heureux de fuir ton pays !

CHAPITRE **SIX**

Enfin le Nil ? – Une descente mouvementée –
Le pays de sable

Les chutes sont apparues au détour du chemin, mais nous les entendions depuis longtemps déjà.

Le spectacle est magnifique.

À droite, les eaux paisibles du lac Nyanza semblent dormir. Puis, lentement, très lentement, une partie de cette eau, ignorant ce qui l'attend, se met en mouvement, avance sans faire de vagues. Comme les rives boisées se resserrent, l'eau accélère, s'agite : le lac devient rivière. Elle passe devant nous, contourne de gros rochers, puis se jette dans le vide. Une énorme cascade, au pied de laquelle l'eau gronde, écume de rage. En bas, des poissons voyageurs bondissent et tentent de remonter jusqu'au lac. Des pêcheurs en barque les attendent, la ligne à la main. Des hippopotames promènent leur silhouette endormie sur l'onde. Plus loin, sur notre gauche, l'eau s'apaise, reprend son cours, file vers son destin de rivière.

— Enfin te voilà !…

Le sahib Speke en a la voix qui tremble.

— C'est lui, Bombay, c'est le Nil !

J'ignore comment il peut en être si sûr : ce n'est pas le nom qu'on lui donne ici. Mais l'Anglais a dans les yeux la même étincelle qu'il y a quatre ans, lorsque nous avons découvert l'autre extrémité du lac Nyanza.

— Dommage que le capitaine Grant ne soit pas là pour voir ça...

Depuis notre départ du palais de Mtésa, il y a trois semaines, Grant a en effet suivi une autre route. Comme il boitait beaucoup, Speke lui a demandé d'aller avec le gros de la caravane directement au palais du roi Kamrasi, où doit déjà nous attendre Baraka. Lorsque Speke lui a annoncé sa décision, Grant a fait une drôle de tête. J'ai cru un instant que le voile allait se déchirer et qu'on verrait un autre visage du capitaine. Je m'attendais à ce qu'il se rebelle et déclare : « C'est injuste ! Après tout le chemin que j'ai fait avec vous, au moment de toucher au but, vous me privez de la victoire finale ? Je veux vous accompagner aux sources du Nil ! » Mais il n'en a rien fait : il a souri et a obéi aux ordres.

— Dommage que Grant ne voie pas ça... Regarde bien, Bombay, c'est le fleuve sacré ! Il naît là, devant nous... Nous avons sous les yeux la solution à la plus ancienne énigme géographique au monde ! Je sens que c'est lui...

L'Anglais en tremble de tous ses membres. Je me demande s'il va fêter ça en tirant sur un hippopotame, mais, au lieu de cela, nous descendons jusqu'à la rive, il s'y accroupit, joint ses mains, les plonge dans l'eau et, très ému, en boit une gorgée.

Je comprends parfaitement son émotion: depuis le temps qu'il recherche cette rivière... Mais je dois reconnaître que moi, je ne ressens rien de pareil: je ne vois là qu'une cascade à la sortie d'un lac, un bout d'eau. Ce que j'attends vraiment de voir, moi, c'est l'autre extrémité de cette rivière. Car si le sahib a raison, si c'est bien le fleuve tant espéré, comme il le prétend, si c'est réellement le Nil, alors à l'autre bout se trouve le mystérieux pays de sable...

• • •

Nous avançons au fil de l'eau.

Speke a loué cinq pirogues faites chacune de cinq longues planches de bois. Nous y avons embarqué le peu de marchandises que Grant n'a pas prises et descendons le fleuve. Les rives sont verdoyantes.

Je me demande où nous mène la rivière. Je suppose que plus loin, beaucoup plus loin, elle traverse du sable, du sable et encore du sable. Je me suis souvent amusé à imaginer un monde comme le nôtre mais entièrement en sable, avec des fleurs, des arbres, de la pluie, des animaux en sable. Je sais bien que tout ça n'existe pas. J'ai un peu peur d'être déçu.

J'espère juste que c'est la bonne rivière.

J'aimerais que nous soyons déjà arrivés, mais les pirogues sont si lentes. Les rameurs ne rament pas : ils se laissent porter par le courant et ne donnent un coup de pagaie que lorsque l'embarcation s'approche trop près d'une rive. « Pourquoi se fatiguer alors que le courant travaille pour nous ? s'exclame l'un des pagayeurs. Celui qui rame avec le courant fait rire les crocodiles ! »

Tiens, la réponse à une vieille question.

Après deux jours de navigation, douze barques s'approchent de nous. À leur bord, des hommes armés nous menacent de leurs lances. Nous les accueillons à coups de fusil. Ils s'enfuient, mais nous les rattrapons et les faisons parler : Kamrasi, leur roi, s'inquiète de notre venue. Selon la rumeur, les hommes blancs seraient des sorciers dévoreurs de boyaux humains. En plus, comme Grant est entré dans le pays par les terres et nous par la rivière, le roi croit à une attaque coordonnée. Pour le rassurer, nous abandonnons les pirogues et poursuivons par la route, où nous retrouvons Grant. Après de longues discussions, Kamrasi finit par nous recevoir dans son palais. Nous y retrouvons Baraka, qui était retenu prisonnier. Suivent alors les traditionnelles tractations sur le prix de notre passage. Après deux mois, le roi reçoit six carabines et des munitions, un grand pot en bronze, une brosse à cheveux, des allumettes et un couteau. Et nous, nous repartons avec une escorte de vingt-quatre hommes.

• • •

Comme le roi nous a autorisés à naviguer sur la rivière, nous poursuivons sa descente sur une grande pirogue.

Chaque rive est bordée d'un tapis de roseaux. Celle de gauche est basse et marécageuse. Celle de droite, en pente douce et couverte d'arbres. D'étranges îles dérivent à la vitesse du courant : ce sont des touffes de roseaux, d'herbes et de fougères, portées par les eaux en crue. De temps à autre, un hippopotame montre sa tête mais replonge immédiatement, effrayé par les cris des poules que nous avons à bord.

À l'avant de la pirogue, le sahib Speke refait ses comptes : il ne nous reste plus beaucoup de marchandises. Mais il affirme que ce n'est plus très grave : puisque nous sommes sur le Nil, nous arriverons bientôt dans un bourg appelé Gondokoro. Là, une équipe venue d'Égypte et dirigée par un Anglais nommé Petherick nous attend avec des provisions.

J'espère que nous sommes réellement sur le Nil.

J'espère que l'équipe sera là. Nous avons quitté Zanzibar il y a deux ans et deux mois : aura-t-elle attendu si longtemps ?

Au dixième jour de navigation, les pagayeurs nous déposent à terre : plus loin, la rivière s'engouffre entre deux gros rochers, puis glisse sur une longue pente. Et l'on entend, encore plus loin, le grondement sourd d'une immense chute d'eau. Impossible de poursuivre en bateau.

Selon le roi Kamrasi, après ces cascades, la rivière fait une boucle : elle part vers l'ouest et se jette dans un lac appelé Luta Nzigé, le « Criquet Mort », mais elle en ressort aussitôt et remonte vers le nord. Comme toute la région est infestée de tribus hostiles, Speke décide que nous marcherons en ligne droite directement vers le nord. Nous rejoindrons le fleuve plus loin.

Nous quittons donc la rivière et pénétrons dans le pays du Gani. Il est couvert de montagnes boisées et ses habitants sont presque nus, en dehors d'anneaux de bronze, de perles de verre et de plumes. Après sept étapes, nous retrouvons le fleuve et le longeons quelque temps.

— Des pirogues ! Un campement !

C'est le vieux Nasib, notre guide, qui les a vus le premier.

Les deux Anglais se regardent, entre joie et inquiétude.

— Nous ne sommes pas à Gondokoro, s'étonne Speke. D'après mes calculs, nous ne sommes pas encore arrivés…

Pourtant, le campement existe bel et bien, avec ses cabanes et ses pirogues, et ses occupants n'habitent pas le coin : ils sont habillés comme les soldats d'une vraie armée.

Nous tirons une salve de mousqueterie. Ils répondent par une salve, se regroupent et forment un cortège militaire avec drapeaux et tambours. Ce n'est peut-être pas Gondokoro, mais c'est bien l'équipe de soutien ! Nous abandonnons nos ballots et courons à leur rencontre.

Un officier s'approche des Anglais et, ne sachant lequel est le chef, s'adresse aux deux.

— *Salam malecum*, je m'appelle Mohamed.

— Sous les ordres de qui êtes-vous ? demande Speke.

— Petrik.

— Et Petherick, où est-il actuellement ?

— Vous le verrez bientôt. Nous avons ordre de vous accompagner jusqu'à Gondokoro.

Le sahib Speke le regarde et, passé le doute, autorise enfin un grand sourire à dévorer son visage. Il se tourne vers Grant et le serre dans ses bras, lui tape dans le dos, très ému. Il lui dit quelque chose en anglais. Ce doit être quelque chose comme : « On a réussi ! On a réussi ! »

Oui, nous avons réussi. Nous sommes sauvés ! Quelle immense joie d'être enfin arrivés ! Désormais, nous n'aurons plus à nous inquiéter des dépenses de marchandises, des *hongos*, des rois sanguinaires, de la recherche de porteurs. Nous sommes arrivés et nous avons réussi : nous avons trouvé le Nil ! Depuis le début, l'intuition du sahib Speke était juste : le fleuve naît bel et bien dans le lac Nyanza.

Dans les bras du capitaine Grant, il en pleure de joie.

• • •

Moi, ce que je voulais voir, c'était le pays de sable.

La descente du Nil a été longue et décevante.

Je n'avais plus rien à faire, puisque le navire portait les ballots à ma place ; je passais mon temps à observer les rives.

Elles défilaient lentement, si lentement. Nous sommes passés par des régions verdoyantes, par des marécages. Plusieurs rivières ont rejoint le fleuve et en ont grossi les flots. À mesure que nous avancions, le climat a changé. Il est devenu encore plus chaud, encore plus sec. En journée, nous transpirions sans cesse, même à l'ombre, sans rien faire. Lorsque d'importantes chutes d'eau nous ont barré le passage, nous avons débarqué, marché, puis embarqué sur un autre navire, un peu plus loin.

Nous avons quitté le pays appelé Soudan et sommes arrivés en Égypte. Je me suis alors mis à espérer très fort : je voulais tant voir à l'extérieur ce que j'avais imaginé à l'intérieur de ma tête. Mais j'avais beau me fatiguer les yeux, je ne voyais que le Nil devant moi et, sur ses rives, des roseaux, des cocotiers, des palmiers. Au-delà, aussi loin que je puisse voir, il y avait des champs de céréales ou de cannes. Avec, parfois, de tristes montagnes désertiques et un peu de sable jaune.

— C'est normal, m'a expliqué le sahib Speke, les Égyptiens cultivent les berges avec l'eau du fleuve. Le sable se trouve juste après les champs…

Mais moi, je ne voyais rien.

Nous avons descendu presque tout le Nil, jusqu'au nord de l'Égypte, sans que je voie rien du tout.

Là, je suis sur un âne, et je ne vois toujours rien ; mais là, c'est normal, car c'est la nuit.

Devant moi, dans l'obscurité, les deux sahibs avancent sur leurs ânes ainsi que le guide égyptien qui nous conduit aux pyramides — ce sont, m'a-t-on dit, d'immenses constructions pointues. Les Anglais veulent absolument les voir avant de quitter l'Égypte. Moi, ça ne m'intéresse pas, mais je n'ai pas eu le choix : tout à l'heure, le sahib Speke m'a réveillé et m'a ordonné de le suivre.

Nous passons les dernières maisons en brique de la ville, traversons des champs, puis continuons sur un chemin de terre. La lune nous éclaire à peine. À cette heure-ci, je serais mieux sur ma paillasse, dans le bateau, mais il paraît que c'est la meilleure heure pour voir les pyramides : en journée, à cette saison, la chaleur écrase tout.

Autour de nous, je sens que le paysage change. L'obscurité n'est plus la même que tout à l'heure : elle était sombre et froide à cause des champs, elle est maintenant chaude et claire. Je me demande où nous sommes et ce que les pyramides ont de si intéressant.

Notre guide annonce quelque chose. Il parle anglais. Je ne sais vraiment pas à quoi je sers — je serais mieux à ronfler sur ma paillasse.

Les deux sahibs étendent une grande couverture par terre et s'assoient. Je m'éloigne un peu et essaie de découvrir ce qui nous entoure. Vers l'est, de l'autre côté du Nil, les étoiles disparaissent une à une et le ciel s'éclaircit. Sur ma gauche, je devine des ombres gigantesques et pointues ; sans doute les pyramides. Un peu plus en avant, une énorme boule ronde semble sortir de terre. J'ignore ce que c'est.

Peu à peu, le ciel bleuit, puis rosit. Speke dit quelque chose en anglais et les deux sahibs se tournent vers les ombres pointues. Au sommet de la plus haute, un petit triangle de pierre est éclairé par les premiers rayons du soleil. C'est vraiment étonnant. Avec le retour de la lumière, les choses reprennent leur forme. Les trois pyramides apparaissent enfin, très impressionnantes. Plus en avant, la grosse boule s'avère être la tête d'un géant taillée dans le rocher ; il a le nez cassé.

Autour de nous, il n'y a rien d'autre. Ah si ! par terre, il y a du sable, du sable fin et tiède qui file entre les doigts quand j'essaie de le prendre.

À l'est, le soleil sort de terre, grossit, rouge puis orangé. Les deux Anglais s'émerveillent devant les pyramides et la tête de géant qu'ils appellent « sphinx ». Tout ceci est en effet très beau, mais ce qu'il y a de plus beau, c'est ce sable qui nous entoure.

J'escalade les premiers gradins d'une pyramide et scrute l'horizon, du côté de l'ouest. Aussi loin que porte mon regard, il n'y a rien que du sable, un sable qui passe de l'orange au jaune à mesure que le soleil se lève. Derrière chaque dune, une ombre noire se dessine, très nette. On dirait une mer de sable couverte de petites vagues.

— Alors Bombay ! m'interpelle Speke. Ça te plaît ?

— Oh, oui, sahib, c'est merveilleux !

— Donc tu ne râles plus ? J'ai bien fait de te réveiller tôt ce matin, n'est-ce pas ?

— Oui, sahib, merci.

Il me sourit.

Avant de redescendre de ma pyramide, je jette un dernier coup d'œil au paysage pour m'en remplir les yeux, la tête et le corps.

Le pays de sable, encore plus beau que dans mes rêves.

• • •

— Toutes les choses ont une fin, lance le sahib Speke, comme je m'apprête à monter dans le grand navire à vapeur.

— « Toutes les choses ont une fin, sauf la banane qui en a deux ! »

— Sacré Bombay, toi et tes proverbes ! Tu me manqueras.

— Vous aussi, sahib, vous me manquerez.

Ça y est, nous sommes au bout du voyage. Nous avons descendu le Nil jusqu'à ce qu'il se divise en plusieurs cours d'eau, tout au nord de l'Égypte. Nous avons navigué sur l'un de ces cours d'eau et débouché sur la mer, à Alexandrie.

C'est une belle ville blanche, avec un immense port. Des dizaines de gros bateaux accostent là, chargent ou déchargent en permanence des marchandises et des hommes.

— Au revoir capitaine Grant, au revoir sahib Speke. À bientôt, peut-être !

— Non, je ne crois pas… Maintenant que j'ai trouvé les sources du Nil, je n'ai plus de raisons de revenir à Zanzibar. Adieu, vieux crocodile!

Je franchis la passerelle et pose le pied sur le navire qui me ramène à la maison. Mes compagnons de voyage sont là: Baraka, avec qui j'ai fini par me réconcilier, Mabrouki et son tam-tam magique, le vieux guide Nasib, les soldats baloutchis qui nous ont suivis jusque-là…

En bas, sur le quai, les deux Anglais disparaissent dans la foule: ils prendront un autre vapeur vers l'Angleterre.

Alors que notre bateau s'éloigne du quai et prend la mer, je regarde, accoudé à la rambarde, les maisons diminuer de taille, la ville rapetisser.

J'aurais aimé apercevoir une dernière fois l'endroit où le bras du Nil se jette dans la mer, mais je ne l'ai pas vu. Qu'importe! C'est déjà du passé. Mon avenir se trouve désormais dans mes affaires: avec l'argent que m'a donné le sahib Speke pour mes deux années et demie de service, j'achèterai une case et je trouverai une femme.

Dans mes affaires se trouve surtout la plus belle chose qui soit. C'est une sorte de caillou jaune que j'ai acheté sur un marché du Caire. Lorsque je l'ai vu sur son étal, je me suis arrêté et je l'ai longtemps observé sans oser le toucher: c'était la première fois que j'en voyais un, mais je savais exactement ce que c'était. Avec ses pétales de pierre, je ne pouvais me tromper.

— Ça s'appelle une rose des sables, m'a expliqué le vieil homme qui tenait l'étal. Vous n'en avez jamais vu ? C'est fait de grains de sable et ça se trouve dans le désert. Mais je ne sais pas comment ça apparaît.

— Moi, je le sais, ai-je répondu avant d'acheter la rose.

Toute ma vie, je la garderai en souvenir de mes voyages à la recherche des sources du Nil.

J'ai toujours su que des fleurs de sable poussaient dans le désert.

ÉPILOGUE

La gloire, le drame et le dénouement

Le capitaine John Hanning Speke attendait dans l'embrasure de la porte. Il jeta un œil inquiet vers la salle qui se remplissait de plus en plus.

Ce lundi 22 juin 1863, il y avait foule à la Société royale de géographie. Dans la plus grande des salles, une estrade avait été dressée avec des tables alignées et couvertes de nappe. Une large carte de l'Afrique était accrochée au mur, avec toutes les indications données par le capitaine Speke concernant les lacs et le Nil. Des dizaines et des dizaines de chaises avaient été placées devant l'estrade. Il n'en restait déjà presque plus de libres : les géographes, les journalistes, les hommes et les femmes de la haute société les avaient prises d'assaut.

Voilà ce qui inquiétait le plus l'explorateur : tout ce monde. Il détestait parler en public. Il préférait de loin un face-à-face avec un rhinocéros en colère. Mais il n'avait pas le choix : depuis qu'il avait envoyé un télégramme d'Afrique annonçant sa victoire, tout Londres attendait de le voir et de l'entendre.

Sir Roderick Murchison, debout derrière l'estrade, lui fit signe d'approcher, ainsi qu'à Grant.

— Mesdames et messieurs, je vous présente le capitaine Speke, à qui l'on doit la découverte des sources du Nil, l'un des plus beaux succès de la géographie britannique, ainsi que son compagnon d'expédition, le capitaine Grant. Je vous demande de leur faire un triomphe!

Des hurlements de joie accueillirent l'entrée des deux explorateurs. Les femmes agitaient leurs mouchoirs de flanelle et les hommes levaient leurs chapeaux hauts de forme.

Ragaillardi, Speke avança jusqu'à la tribune en se raclant plusieurs fois la gorge. « Monsieur le président, mesdames et messieurs », répéta-t-il en lui-même.

Dès que les applaudissements se turent, il dit d'une voix forte mais vacillante :

— Monsieur le président, mesdames et messieurs, je suis heureux d'être aujourd'hui parmi vous pour vous parler…

Et il leur parla de l'expédition, du trajet, du lac Victoria, des rivières qui s'y jetaient, de celles qui en sortaient, des difficultés dues aux guerres, des tyrans sanguinaires et des rois humanistes, des extraordinaires animaux africains…

Plus il parlait, mieux il se sentait. Le public l'écoutait dans un silence d'église. Il était le héros du jour. Chacune de ses anecdotes faisait mouche et suscitait admiration, horreur ou éclats de rire. Tout lui réussissait. Il s'autorisa même une pique à l'attention de son ancien compagnon, Richard Burton :

— Si, lors de notre première expédition, j'avais été seul, j'aurais réglé dès 1859 cette affaire du Nil en allant jusqu'en Ouganda… Mais mon projet ayant été découragé par le chef de l'expédition, qui a l'époque était souffrant et lassé du voyage, j'ai dû revenir en Angleterre…

À la fin de sa longue allocution, un tonnerre d'applaudissements lui fit comprendre qu'il était bien plus que le héros du jour.

Durant les semaines et les mois qui suivirent, il reçut un télégramme de la reine Victoria, répondit à de nombreuses interviews de journalistes, fut l'invité d'honneur de soirées mondaines, obtint des médailles de plusieurs sociétés de géographie européennes, fut contacté par un éditeur pour raconter son récit dans un livre.

Oui, il était bien plus que le héros d'un jour : il était le héros de l'année, peut-être même du siècle.

• • •

Richard Burton n'était pas en Angleterre lorsque John Speke revint de son second voyage : consul de Grande-Bretagne à Fernando Poo, il se trouvait en poste sur cette île espagnole au large de l'Afrique occidentale.

À cette époque, il avait enterré la hache de guerre contre son ancien compagnon. Beaucoup d'eau était passé sous les ponts depuis l'exploration du lac Tanganyika : il s'était marié avec sa fiancée, Isabel, avait beaucoup voyagé et beaucoup écrit, s'était intéressé à mille et une choses. La recherche éperdue des sources du Nil était désormais une page de sa vie à jamais tournée.

À l'annonce du retour de Speke, il lui avait même envoyé une lettre pour le féliciter d'avoir mené à bien une si difficile expédition.

Mais l'autre ne semblait pas l'entendre de cette oreille. Fort de sa gloire nouvelle, se sentant sans doute invincible, il lançait à tout-va des flèches acrimonieuses contre son ancien chef. Mais pourquoi tant de rancœur ? Pourquoi voulait-il la guerre ?

En tout cas, si Speke voulait la bagarre, il l'aurait : Burton n'était pas du genre à fuir le combat, bien au contraire. Il s'y lança donc à corps perdu.

Premier point : trouver les points faibles de son adversaire. Ils étaient nombreux : ainsi, si Speke était indéniablement excellent marcheur et chasseur, il ne brillait pas par sa rigueur scientifique. Ses mesures d'altitude, par exemple, n'étaient pas toujours exactes : à l'en croire, à certains endroits, le Nil aurait même dû remonter son cours… Et puis il y avait ce « blanc » dans la descente du fleuve, lorsque l'expédition l'avait quitté pour couper vers le nord. D'après le roi Kamrasi, il y avait là le lac Luta Nzigé. Mais qui sait si une seconde rivière ne se jetait pas, elle aussi, dans ce lac ? Et si cette seconde rivière s'avérait plus longue que celle provenant du lac Victoria, ce serait alors elle, le véritable Nil... Et si cette rivière plus longue provenait du lac Tanganyika, ce serait finalement lui, Burton, le véritable découvreur des sources du Nil !

Deuxième point à résoudre pour Burton : trouver des alliés. Cela non plus ne fut pas difficile. Depuis son retour, Speke avait, par son attitude un peu hautaine, ulcéré pas mal de géographes et de journalistes. On lui reprochait son manque de fair-play, notamment pour avoir renvoyé le capitaine Grant si près des sources du Nil. N'était-ce pas pour récolter, seul, les fruits du succès ?

La contre-attaque de Richard Burton fut si bien menée que la controverse prit rapidement de l'ampleur. Chaque géographe, chaque journal, chaque Anglais dut prendre parti pour l'un ou l'autre des protagonistes. Sir Roderick Murchison, qui avait financé l'expédition de Speke, défendit son protégé. Le très respecté David Livingstone, qui revenait de plusieurs années d'explorations africaines, soutint Burton. Le doute s'immisça tellement dans les esprits qu'à la fin plus personne ne sut si, oui ou non, Speke avait réellement découvert les sources du Nil.

Pour trancher la question, la Société royale de géographie décida d'organiser un débat contradictoire entre les deux adversaires, à l'occasion de son congrès à venir dans la ville de Bath.

• • •

Le 16 septembre 1864, Richard Burton se leva de bonne heure. Il revêtit son plus beau costume et, accompagné d'Isabel, se rendit dans la salle où se déroulait la réunion de géographie. Il se sentait en forme : depuis plusieurs jours déjà, il affûtait son discours. Il savait que ses arguments en acier forgé allaient transpercer le pauvre Speke comme la lame d'un fleuret. Et comme en plus il adorait parler en public, il ne donnait pas cher de la peau de son adversaire.

En se dirigeant vers la tribune où il devait parler, Burton remarqua un petit rassemblement dans une salle attenante. Les plus éminents géographes étaient là, le visage fermé. Il n'osa entrer et, comme personne ne l'y invita, resta de longues minutes à attendre dehors. Dans la salle, une feuille de papier circulait de main en main.

Que se passait-il ?

Un ami géographe, apercevant Burton, prit la feuille et la lui apporta.

— Désolé, dit-il d'emblée.

Surpris, Burton s'empara du message et lut :

« Hier, à quatre heures de l'après-midi, le capitaine Speke a perdu la vie lors d'une partie de chasse sur les terres d'un de ses cousins. Des parents à lui l'ont découvert étendu dans la bruyère, blessé par une décharge qui lui a traversé la poitrine, près du cœur. Il est mort quelques minutes plus tard. »

Burton chancela et s'affaissa dans un fauteuil.

— Comment cela s'est-il passé ?

— Speke chassait la perdrix chez un cousin qui habite le coin. À un moment, il s'est éloigné des autres. Le cousin a entendu un coup de feu, puis a vu le capitaine tomber lourdement du muret sur lequel il se tenait. Le temps qu'on cherche un chirurgien, le pauvre avait rendu l'âme… Le cousin pense qu'il est monté sur le muret, s'est baissé pour prendre son fusil resté en bas, lorsque le coup est parti accidentellement.

Un accident ? Richard Burton ne pouvait y croire. Pas avec un aussi bon chasseur que Speke… Un jour, en Afrique, alors qu'un hippopotame allait retourner leur pirogue, il avait vu son compagnon prendre soin, malgré le chaos, de ne pas diriger son arme vers lui-même ni vers un autre. Alors un accident de chasse aussi bête, non, il ne pouvait s'y résoudre.

— Mon Dieu, murmura-t-il, il s'est suicidé…

Mais pourquoi ? Que lui avait-il pris ? Avait-il eu peur de la confrontation du jour au sujet des sources du Nil ? S'était-il mis à douter de sa propre découverte ?

Lorsque Burton fut appelé à la tribune, il ne prononça pas le discours prévu mais, d'une voix faible et entrecoupée de tremblements, improvisa un exposé sur le royaume d'Abomey, qu'il avait visité depuis l'île de Fernando Poo.

Puis très vite il regagna son fauteuil.

• • •

John Speke avait-il réellement découvert les sources du Nil ?

Il fallut encore plusieurs expéditions pour que des certitudes émergent à ce sujet.

En 1864, les époux Samuel et Florence Baker, après avoir croisé Speke à Gondokoro, explorèrent le lac Luta Nzigé, qu'ils rebaptisèrent lac Albert.

En 1866, David Livingstone retourna en Afrique à la demande de la Société royale de géographie afin d'explorer à nouveau la région des Grands Lacs.

Mais l'essentiel des découvertes est à mettre au profit du journaliste Henry Morton Stanley. En 1869, comme Livingstone ne donnait plus signe de vie, le directeur du *New York Herald* demanda à son reporter de partir à sa recherche. Stanley se rendit en Afrique, retrouva le célèbre explorateur sur les bords du lac Tanganyika et se découvrit une véritable passion pour l'exploration de ce continent.

Durant les vingt années qui suivirent, il y organisa trois autres expéditions, au cours desquelles il explora notamment le bassin du fleuve Congo, le lac Victoria et le lac Albert. Grâce à ses patientes recherches, les géographes purent mettre un point final à l'énigme des sources du Nil : le fleuve sacré naît bel et bien dans le lac Victoria.

Depuis le départ, John Speke avait vu juste.

Richard Burton reconnut sportivement sa défaite.

Notons enfin, pour clore définitivement cette histoire, que lors de sa première expédition Henry Stanley s'attacha les services de l'un des hommes les plus compétents en matière d'exploration africaine. Cet homme, dont les livres d'histoire oublient souvent l'existence, s'appelait Sidi Mubbarak.

Mais il est plus connu sous son surnom : Bombay.

« Bombay a-t-il vraiment participé aux deux voyages de Burton et de Speke en tant qu'interprète ? Mtésa, le roi d'Ouganda, était-il si sanguinaire que ça ? Qu'est-ce qui est vrai dans *À la recherche du fleuve sacré, Les Sources du Nil* ?

Pendant leurs expéditions en Afrique, les explorateurs anglais ont tenu des journaux de bord, publiés à leur retour en Europe. Burton a fait paraître *Voyage aux Grands Lacs de l'Afrique orientale* en 1860 et Speke *Journal de la découverte des sources du Nil* en 1863. Ces récits racontent, presque au jour le jour, les principaux événements de ces deux aventures : la marche de la caravane, la vie à Kazeh, la déception du lac Tanganyika, la découverte du lac Victoria, la rencontre avec le tyrannique Mtésa ou encore la descente du Nil. Par la suite, des historiens se sont intéressés à ces explorations et à leurs auteurs. Ainsi, Fawn Brodie a-t-elle publié en 1967 une biographie très complète de Richard Burton (*Un diable d'homme*), qui permet de bien saisir son caractère complexe. Tous ces éléments ont servi à l'écriture de *À la recherche du fleuve sacré*...

Mais il subsiste des zones d'ombre. La principale est Bombay. S'il a bien participé aux deux expéditions, il n'en a été, du point de vue des Européens, qu'un personnage secondaire. Dans les récits de Burton et de Speke, il n'apparaît que par petites touches à l'occasion d'une mission qui lui est confiée, de ses disputes avec Baraka ou d'une courte description de son caractère. Et comme Bombay n'a lui-même rien écrit, on ne sait en définitive que peu de choses sur lui. La façon dont il a vécu ces deux aventures ne peut être qu'imaginée. C'est ce que tente de faire ce roman. »

Philippe Nessmann

Philippe Nessmann est né en 1967 et a toujours eu trois passions : les sciences, l'histoire et l'écriture. Après l'obtention d'un diplôme d'ingénieur puis d'une maîtrise d'histoire de l'art, il s'est lancé dans le journalisme. À *Science & Vie Junior*, ses articles racontaient aussi bien les dernières découvertes scientifiques que les aventures passées des grands explorateurs. Aujourd'hui, il s'est entièrement tourné vers l'édition pour la jeunesse, mais avec toujours les sciences et l'histoire en toile de fond. Pour les tout-petits, il dirige la collection de livres d'expériences scientifiques « Kézako » (Mango jeunesse). Pour les plus grands, il écrit des récits historiques.

François Roca est né à Lyon en 1971. Après des études artistiques à Paris puis à Lyon, sa passion pour la peinture le pousse d'abord à exposer des portraits a l'huile. En 1996, il commence à réaliser des illustrations pour la jeunesse. François Roca a illustré plus d'une vingtaine d'ouvrages. Il collabore également régulièrement au magazine *Télérama*. Il vit et travaille à Paris

Découvreurs du monde : des aventures où l'histoire est racontée comme un roman.

Dans la même collection
Au péril de nos vie, La Conquête du pôle

« Notre grande aventure a commencé pendant l'été 1908. Le commandant Peary est venu me chercher. Moi, Matthew Henson, je partais avec lui à la conquête du pôle Nord. Nous allions embarquer sur le *Roosevelt*, retrouver cette terre immense du Groenland, traverser les étendues glacées, et enfin finir la route sur nos traîneaux pour aller au bout du monde, là où les hommes n'étaient pas encore allés. »

Sous le sable d'Égypte, Le Mystère de Toutankhamon

« Vallée des rois, 1922. Depuis près de cinq ans, Howard Carter retourne le sable d'Égypte, à la recherche des traces d'un mystérieux pharaon, Toutankhamon. Il sent que sa vie et celle de ce pharaon sont intimement liées.

Parfois, il a l'étrange sensation que, du fin fond de l'histoire, Toutankhamon l'appelle au secours… »

À l'autre bout de la Terre, Le Tour du monde de Magellan

« Séville, 1519. Moi, Antonio Pigafetta, chevalier de Malte, je rêve de partir à l'aventure. J'ai appris qu'un navigateur portugais du nom de Magellan appareille pour un long voyage. Il a décidé d'atteindre les îles aux Épices en passant par un chemin qu'aucun homme n'a jamais emprunté… Et moi j'ai décidé de l'accompagner à l'autre bout de la Terre, pour raconter son exploit. »

Crédits photographiques du carnet documentaire :

Page 1 : Bettmann/Corbis ; page 2 : Getty Images ; page 3 : Royal Geographical Society/Getty Images ; page 8 : Rue des Archives/Gregoire ; page 9 : Private Collection/The Stapleton Collection/The Bridgeman Art Library ; page 10 : Rue des Archives/CCI ; page 11 : Bojan Brecelj/Corbis ; page 12 : Rue des Archives ; page 13 : Roger-Viollet ; page 14 : Royal Geographical Society ; page 15 : Bettmann/Corbis ; page 16 : Euan Denholm/Reuters.

Cartes : Marie Pécastaing/Studio jeunesse Flammarion

Cet ouvrage a été imprimé par la
SOCIÉTÉ NOUVELLE FIRMIN-DIDOT
Mesnil-sur-l'Estrée
pour le compte des Éditions Flammarion
en mars 2007

Dépôt légal : avril 2007
N° d'édition : L.01EJEN000124.N001 N° d'impression : 84246

Loi n° 49-956 du 16 juillet 1949
sur les publications destinées à la jeunesse